U0044558

做孩子的
超級粉絲
用心不用力，
傾聽是最好的教育
作者／李育銘

呵護孩子的靈魂

認識 Kevin 許多年了，一開始是因為他和朋友合作的上海城市藝術博覽會，邀請我作為演講嘉賓。後來隨著我去上海的時間多了，Kevin 總會邀請我和他的家人一起聚餐，印象最深刻的是在外灘的義大利餐廳，和他住家附近的上海老麵館蘭桂坊。他是一個善於 Rating 的人，對任何事物有一套自己的審美標準，既獨特又不落俗套！

記得到外灘義大利餐廳的時候，她的小女兒戴著一頂小帽子，俏皮的對我說聲：陸老師好！點餐的時候，Kevin 也會尊重當時才 15 歲的女兒，放手讓她處理當晚的菜色，也會詢問大家的意見。他的太太也總是在一旁默默地支持 Kevin 和孩子的一切言行，這是一種難以言喻的幸福感！

2016 年，我帶著爸媽前往上海，Kevin 知道了家父當初是從上海離開來到臺灣，就帶著我們前往上海著名但毫不起眼的老麵館：蘭桂坊，黃魚煨麵、蛤蜊拌麵、酥炸排骨成了我們四人的桌上佳餚。Kevin 總是能在最恰當的時候，做出最適合的安排。這不是刻意為之，也無法臨時訓練出來，一定是在他的生命歷程中，有些不為人知的小關鍵，值得我們細細品味，字字琢磨。Kevin 說這是來自母親的遺傳。

這些細節對應到他對孩子們 20 年來的照顧，他的兩個孩子雖然個性迥異，但卻各自發展出令人羨慕的表現。從他的全家福照片臉上自然散發的笑容，從毫不扭捏的肢體動作，看得出來他們是同頻共振的一家人。

每一個孩子都有自己的天賦，思維與個性，管與不管？如何拿捏？每個家庭面對的情況都不一樣，不可能從這本書上得到標準答案。但是如何掌握關鍵的要素，與孩子聊天，跟孩子對話，發現孩子的生命原發力、適度引導孩子走上一條正確的道路，在書裡 Kevin 倒是有一些具體的例子可以提供大家參考，然後找到你跟孩子正確的相處模式。

有道是「德不孤，必有鄰」。參照一個真誠有愛，呵護靈魂的教育方式，不見得會讓你的孩子也進劍橋大學，但是明白了如何透過生活中被忽略的一些細節，去呵護孩子的靈魂，幫助他們找到生命原發力的方向，如此一來，你的孩子可以找到他們對生命的熱愛，這會跟他的大女兒進劍橋同樣令你開心。

「樹挪死、人挪活！」，Kevin 20 年前因為工作到了北京，後來移居上海，因為不同的人文環境與歷史的認知活絡了他的人生思路，因為外地的生活讓他更珍惜和孩子的相處。這些看似和教育無關的舉動，結合他自己呵護孩子的心態及切身的觀察，成就了他兩個小孩在不同領域出色的表現。這個移動的經驗也提供了當下父母一些新的思路。

我因為父母從事外交工作和我自己在美國的因緣際會，促成了我今天在藝術領域的一點小小成績。而 Kevin 則是在母親的帶領下，因為靈魂接受了美好事物的薰陶，讓他對事物的觀點常常異於旁人。延續生命是人類進步的動力，大部分父母只完成了照顧好孩子身體這一部分，但往往忽略了對孩子靈魂的呵護。而這一點正是你的孩子可以和別人有最大的差距所在。

現代社會的父親都很忙碌，但 Kevin 花了大量的時間和精神在孩子身上，造就了他和孩子之間親密的關係。孩子為什麼沒有對美好未來的追求？為什麼失去主動的精神？是因為我們的執念太深？是因為他們沒有找到生命的原發力？還是我們從小沒有呵護好他們的靈魂，才導致這個後果？你也可以在這本書裡窺知一二，找到解鎖的關鍵！

在寫推薦序時，我腦海裡浮現了 Kevin 對任何事物有一個獨特 Rating

的能力。那不是一種負面的評價，而是一種對美好事物精准判斷的能力。這也造成了雖然僅是小康家庭，但他卻能培養出對美好生活有要求、對未來前景有目標的兩位女兒。記得我的孩子三歲時，我帶著他去峇里島，讓孩子從泳池的跳臺跳下來。一開始他不願意，經過幾次反復的鼓勵和堅持，最終達到了預期的目標，孩子不再怕水。後來我帶他去海邊戲水，他撿了很多貝殼，離去時捨不得丟棄，我告訴他只能留下三個，明天才帶他去另一個海灘，如此的父子互動讓我也有很大的收穫。你做了一個對的選擇，必定需要放棄其他的選擇。選擇與割捨，總在我們的人生道路上不斷的出現，就像他尊重大女兒放棄美國大學的申請決定，以及對小女兒學習成績的放手，對積極參與課外活動的大膽嘗試。

今天你應該如何呵護孩子的靈魂？為孩子做了那些選擇？決定了孩子的人格健全與發展方向。這些都沒有對錯，就看你如何選擇？

在孩子成長的過程中，你有沒有做好呵護靈魂的動作，可能決定了你和孩子的關係，以及孩子未來的發展道路。作為藝術工作者，我非常建議大家經常帶孩子到美術館走走，經年累月下來，那種效果能夠開發孩子的智力、讓孩子的審美能力提升。這本書沒有教你如何讓孩子贏在起跑點、或是考第一名、還是飛黄騰達，但告訴你如何呵護孩子靈魂的一些竅門，讓他們在人生的道路上走的有看法、有觀點、有選擇的自信。就像提升審美能力的三個標準：感知力，想像力，解析力。透過這些訓練，你的孩子可以在心中形塑一種獨特的定見，那是一份從容和淡定的自信、一個別人一輩子都拿不走的能力、一生追求的自在！

（左）李育銘；（右）陸潔民

陸潔民
畫廊協會資深顧問
藝術品拍賣官

你的孩子是獨一無二的藝術品

Kevin 李育銘是我多年的好友，認識他那麼多年，他的教育理念常常令身邊的朋友嘆服。作為一位 1 歲孩子的媽媽，我們因為推廣藝術教育的工作結緣，每次聽完他的分享，都覺得收穫良多。**有時候我們真的會因為身邊的一些人和事就失去方向，甚至於忘記了自己的初衷。**於是我想，若能請 Kevin 跟大家分享他和女兒，以及他和藝術，他和教育的故事該有多好。

初識 Kevin 時，他是上海城市藝術博覽會的聯合創辦人。曾經是台灣 IT 上市公司駐派上海的高階主管，出於對藝術的熱愛成為了策展人和藝術經紀人；也在復旦大學進修了 EMBA 學位，並與朋友一同創辦了城市藝博會。看到這裡，別以為 Kevin 只是位企業經理人和創業人士，他花在孩子們身上的心血可不少，周圍的媽媽朋友們總是非常樂意和他經驗交流。他的大女兒大 J 以 IB(國際預科證書課程) 滿分成績錄取劍橋大學，小女兒小 J 也就讀上海某知名國際學校。他總是很謙虛地說，只是說說自己的故事而已，可是他的話「你的孩子是獨一無二的藝術品」已經成為了大家的座右銘。

2015 年夏天大 J 應邀在復旦大學管理學院分享她的成長歷程，她的演講題目是「記得你是誰，做最真實的自己」。Kevin 說，他最自豪的並非是女兒上了劍橋大學，而是在他 20 年潛移默化的教育下，她成為了一個自信做自己的人。有一次他還提到小女兒小 J 小時候不喜歡數學，我本能地問：「你不給她補習嗎？你不急嗎？」Kevin 推薦了一個短視頻給我——《致匠心》，講述李宗盛製作吉他的故事。

「人生很多事急不得，你得等他自己熟。」

Kevin 說起初太太也曾嘗試每天下班就坐在小女兒書桌旁輔導，但是每次都以兩淚縱橫不歡而散收場。後來他想通了，每個孩子都有自己的天賦，如果真的不行，又何苦相逼呢？但在小 J 小學升上初中部出現了轉機。當時小 J 主動想要申請學校初中部的獎學金，Kevin 配合她，連續輔導了幾週，女兒自己動力很大，居然真的獲得為數不少的獎學金。為此，Kevin 特別加碼一倍的金額，還親自帶她去銀行存下了這筆錢。

這件事情大大地鼓勵了 小 J 的主動性，進入初中，她主動參加模擬聯合國，征戰多年，從常春藤模聯、耶魯模聯、再到哈佛模聯。她甚至在學校裡集合了學弟妹一起培訓，最後當上了秘書長。2015 年還主動申請哈佛大學模擬聯合國組委會，經過了越洋面試通過後，連續兩年以志願者身份參加了在北京舉辦的哈佛大學模擬聯合國大會，從初中時候的參與者變成了組織者。

而這件事也讓 Kevin 明白了，**把成長的主動權讓給孩子，給他們犯錯與自我成長的空間，給自己更多的包容和耐心，等待他們破繭而出的一天。教育孩子就要像從事手工藝一樣，內心必須安靜專注，不被外界的資訊和他人的攀比所影響**；就像大師李宗盛說的：「面對大自然贈予的素材，我得先成就它，它才有可能成就我」，而你的孩子就是你的作品。

「用心，不用力」，Kevin 時常這麼提醒自己。

Kevin 曾經問我：「你對孩子的期望是什麼？」我是一個 1 歲寶寶的媽媽呀！我不假思索地回答：「快樂、健康」。他說：「對了，希望 10 年之後，當他考試不如鄰居孩子或者上課不認真聽講的時候，妳不要忘記這份初心。」

張穎韵 Evelyne
國際城市藝術專業設計諮詢公司（UAP）
中國地區策展人

勿忘初心

每個人都有心目中的偶像，可能是成功人士，如愛因斯坦、賈伯斯；又或者是歌手明星，如張學友、李宗盛，但對我來說他們都太遙遠。我把自己的孩子當偶像，讓孩子知道我對她們的愛和支持；讓自己成為孩子的超級粉絲，可能是父母最重要的一堂課。

活到 50 多歲了，還未曾有過任何傲人成就，卻因為女兒們的爭氣，被家長們冠上了「劍橋爸爸」的稱謂，也才有了這本書的出版，和大家侃侃而談的機會。我向來對孩子的教育採用「無為而治」的方式，所以當大女兒大 J 在 2015 年夏天進入劍橋大學就讀之後，許多家長透過各種方式詢問我孩子的教養方式相關問題時，我才猛然發覺這所謂的「無為而治」，可能才是我們應該給孩子的正確教養觀念。

我所謂的**「無為而治」，並不是什麼都不管；而是管教養、管做人，卻不管名次、不管成績**。我也曾在幾次的教育分享會裡**建議家長們，把界限放寬，但嚴守底線**。

劍橋也好，哈佛也罷，都不會是孩子人生的終站，而是他們人生又一個階段的開始。**孩子能進這些世界知名的學府，僅僅意味著他們有高於常人的學術水準，但絕不代表他們從此一帆風順、平步青雲！他們也會面臨所有人都會遇到的挫折與失敗**。我珍惜的不是我的孩子能進劍橋大學，而是她能夠有機會浸潤在這個有著800 年歷史的學術殿堂；從一個平常人看不到的角度去理解世界，去體驗人生，讓她的人生閱歷更加豐富，僅此而已。

1997 年，我和太太在負債的情形下到了北京，成了北漂一族。至今 20 年過去，我依舊沒有什麼值得驕傲的事業與成就，而家裡這麼多年來最大的一筆投資，不是房地產、股票基金，而是孩子們的教育，這也是我能傳家的一份收藏。這份收藏是深植在她們內心的一股從容與自信，一份可以讓她們在面對未來多變世局時的堅毅性格。

過去 20 年的教養不是為了得到回報，也不是期望孩子們有傲人的成績。唯一能夠安慰自己、分享給家人朋友的，就是兩個孩子有著不同的個性和各自擁有屬於自己的天空。回想過去，2000 年初，我也曾經有過闖一番事業的念頭，在 40 歲的當下，哪個男人沒這麼想過？但或許上天註定我要專注陪孩子一起走一段路，我才能花大把的時間和精力在孩子的教育上。這一路走來，說不上轟轟烈烈，但至少一路平順。

自從 2010 年在復旦大學管理學院寫完碩士畢業論文後，好長一段時間沒有拿筆寫這麼多字。不過就算是畢業論文，也不過就是 3 萬多字的規格，與撰寫一本書相比，真是天差地遠。一開始收到出版社的邀約時，我是猶豫的。因為以前寫下的短文是從身為人父的角度，以孩子當下發生的轉變、成長的過程所做的記錄。沒想到今天能有機會坐下來把這 20 年來陪伴孩子（本書中大 J 為大女兒，小 J 為小女兒，以下皆同）成長的點點滴滴，用作者的角度出發，分享給和我有著共同經歷的家長們。

幸運的是，我在網路剛萌芽的時候，就學到運用相關資源記錄孩子們成長的點滴。那時我們剛搬到北京，用數位相機記錄孩子的成長，為的是轉發給在臺灣，掛念著全家的長輩們；我也使用攝影機留存孩子在家裡或參加學校各種大型活動的模樣。此外我緊跟著社交網路的發展，把許多觀察孩子成長的心得透過網路平台分享，最早是部落格

(Blog)，後來的微博 (Weibo)，再到時下最流行的微信 (WeChat)、臉書 (Facebook)。當初如果沒有這些工具，相信今天我也無法在短時間內寫出 20 年來孩子成長的點滴，然後集結成厚厚的一本書。這個過程幾乎就像是現在年輕孩子們在看待他們心中偶像時所慣用的方式，20 年前我竟在不經意中也走向了這條路，只不過我的偶像不是別人，正是我自己的孩子們。

因為大 J 的出色表現，讓我有機會在一些教育機構邀請下，前後舉辦了 8 次小規模的教育分享會，分享我陪孩子成長的經歷。在每次長達 3 小時，卻還無法盡興的分享會最後，我都會跟大家說明一個關鍵竅門，那就是「能不能在孩子 18 歲那一年，不管他的成就如何，舉辦一場分享會，跟你的親朋好友暢談 3 小時你跟孩子的成長點滴」。如果你也能做到，那恭喜你，你的孩子即使不進名校，也會有自己的一片天地。因為在這樣的目標下，你會去反思、去觀察、去記錄，去做更多屬於你作為孩子的父母應該做的事。

我總是用「以終為始」和「潛移默化」的方式來滋養孩子。每位父母對待自己的孩子都是同樣的心態，那就是望子成龍，望女成鳳。只是每個人心中的龍鳳定義各自不同。對我而言，大約在大 J 1 歲的時候，我就在日記裡寫下我對孩子的期望，那絕不是我小時候所認知的賺大錢，當大官，立大業。對一位新科父親來說，我能給孩子的祝福就是最簡單不過的：平安，健康，快樂。這 3 個簡單的祝願一直存在我的電腦和手機裡，20 年來時刻提醒著我，勿忘初心。

因為教育使我更瞭解年輕人的想法，我的心得是**不該再用 20 世紀的觀念教導孩子去面對從現在開始 30 年後，連我們都看不清楚的世界**。30 年前，我們還是青少年，對外界的瞭解沒有我們的父母多，大人可以用他們所掌握到不對稱的資訊來教導我們。但現在孩子或許經驗和人生歷練沒有我們來的豐富，但接收訊息的廣度跟我們這一代的父母相比，絕對有過之而無不及。而我們所謂的經驗，可能有 80% 因為現在面臨的快速發展時代，已經毫無用處，甚至反而影響孩子們的成長，成為名符其實的負資產。像是傳真機、唱片這一類我們以前引以為傲的發明，極有可能被放到博物館裡陳列了，我們能傳承給下一代的恐怕所剩無幾。

在這裡要感謝我的母親，一直呵護我的靈魂，帶我體驗美好的眼耳鼻舌身感受，當我高二父親過世之後，一肩挑起全家的生計。在她年邁之後給我有更多機會去瞭解老人照護，這也是做人處事該面對的課題，雖然我做得還遠遠不夠。也要感謝我的太太，沒有她多年來在中國大陸和我一起陪伴孩子的成長，並默默的在我失意與落寞時一直支撐著我，也沒有今天的結果。因為常年在大陸發展，對於母親照顧上的重擔，大部分都由我的姊姊擔起了重任。姊姊在我離開臺灣，常駐大陸20 年的時間裡，尤其是母親退休年紀漸長後，用自己服務於醫療體系近 40 年的資源與經驗，陪伴在媽媽身邊照料她。沒有她，我無法花更多的時間與精力陪伴孩子成長。

也要特別感謝幾年前過世的老丈人，他用身體力行的方式，教會了我們「施比受更有福」的道理，也在孩子成長的過程中扮演了極為重要的角色，是整個家族的精神棟樑；還有性格類似「佐賀的超級阿嬤」的丈母娘，是她樂觀與堅韌的性格給了我們更多面對生活的勇氣。孩子今天的成就是背後有這麼多人在默默的支持與陪伴，除了感激，還能說些什麼。最後希望大家在看過這本書後，寫下你對孩子的期許，毋忘你的初心，做好孩子的粉絲，相信你也能收穫平安健康快樂的孩子！

李育銘

2017 年 6 月

作者全家福，(左1)李夫人、(左2)大J、(右1前)小J、(右1後)李育銘

02……… 推薦序 呵護孩子的靈魂——陸潔民
05……… 推薦序 你的孩子是獨一無二的藝術品——張穎韵
08……… 作者序 勿忘初心——李育銘

Chapter 1 敲開通往劍橋的大門
16……… 掌握面試要訣
22……… 實現取得進入劍橋門票的夢想
25……… 給大J的一封信
29……… 婉拒東京大學全額獎學金
33……… 全球瘋IB課程
37……… 送別千里之外
42……… 在劍橋學會的不只是學問而已
48……… 出國留學豐富人生閱歷
52……… 離家9200公里的孤獨感
58……… 特別收錄：記得你是誰，做最真實的自己！
64……… 特別收錄：IB課程的CAS訓練

Chapter 2 大步邁向地球村
66……… 欣賞孩子的不同
71……… 「平行平等」角度
76……… 主動爭取
80……… 給小J的一封信——轉學惠靈頓
83……… 當仁不讓奪頭彩
86……… 模擬聯合國（MUN）
91……… 第三次參加MUN活動的小J
94……… 不求跑得快但願看得遠

Chapter 3 那些女兒們教我的人生課堂
98……… 陪伴是我給孩子最好的愛
103……… 孩子教我的父親課

108……… 笨一點，快樂一點
110……… 孩子的自信心來自父母的能量
114……… 讓你高飛遠颺
119……… 放手讓孩子做決定
124……… 女性當家
128……… 給大J的一封信——談教職與教育
131……… 驚喜相聚

Chapter 4 成為孩子的超級粉絲

136……… 孩子比你想得更優秀
141……… 堅定地相信
145……… 相信的力量
152……… 當孩子的伯樂
158……… 把握孩子成長的關鍵轉捩點
164……… 不要操太多心
169……… 從茶道學會自信與堅持
173……… 尋找藝術能量

Chapter 5 老K這麼教孩子

180……… 做個「大驚小怪」的父母
185……… 小留學生的背後
191……… 最後的1%
196……… 改變，從教育著手！
203……… 爸媽是最好的教科書
209……… 做了，就會改變
214……… 面對真實的自己，才能走得長遠
218……… 從日劇學到時代變遷觀念
221……… 百年教育
227……… 離鄉背井之後

論孩子

你的孩子並不是你的，
他們是生命對自身渴慕的結果。
他們雖由你而生，卻非源自於你。
他們雖和你同在，卻並不屬於你。
你可以給他們愛，而非你的想法。
因為他們有自己的想法。
你可以看顧他們的身體，卻無法禁錮他們的靈魂。
因為他們的靈魂安住在明天，那是一個你在夢中也到不了的地方。
你可以向他們看齊，但不要試圖把他們變成你。
因為生命既不曾倒流，也從未滯留在昨日。
你是弓，你的孩子是從弦上射出的生命箭矢。
當射手在無盡之道上看到了標的，便使力將你繃緊，以便他的箭能疾馳遠射。
你就在此張力中感受歡欣吧！
因為生命既愛飛馳的箭，也愛穩定的弓。

～紀伯倫《先知》～

Chapter 1 敲開通往劍橋的大門

掌握面試要訣

剣橋大學的面試就像哈利波特要接受火焰盃考驗一樣，測試解決問題的能力。注重考生的多角度思維、靈活自信及潛質，而非單純學術成績。

我相信不論做任何事情，都需要付出很多努力的，大 J 申請劍橋大學的過程中亦是如此。她必須通過三個關卡：預估成績必須達標、個人申請書要能吸引人、兩場面試必須過關。此外英國大學院校入學委員會（Universities & Colleges Admissions Services，簡稱 UCAS）規定一人一次最多只能選定 5 所英國大學作為申請目標，這也考驗著申請者如何選定及安排申請學校的想法了。

運用已知知識解決問題

大 J 在 2015 年 8 月的一場分享會中提到準備個人申請書時，是這麼說的：「在電腦前坐了兩三個小時也覺得無從下筆。我想，活了 18 年，短短的 600 個字哪夠啊！確實，我一口氣寫完之後，有一大半時間都在刪減。你必須學會觀察自己，客觀的評價自己。」個人申請書是申請者和招生官第一次交流的機會，就像每個人遇見新朋友的時候會努力讓對方留下最好的第一印象一樣，這份文件至關重要。但是，申請者得記得自己是誰，舉例來說，如果明明自己對鋼琴只抱持著玩玩而已的態度，卻在申請書裡形容自己對於鋼琴多麼熱愛，萬一招生官從此記住了你，請你在校期間每週表演怎麼辦？申請者可以不提及自己的短處，突出自己的長處，但是畫蛇添足的事情就盡量避免吧。

去劍橋面試之前，大 J 的內心是忐忑不安的。她想到將與世界級的教授對談，覺得自己學的知識再多也比不上他們；在學校的所有訓練都顯得平凡，背得滾瓜爛熟的，也毫無用武之地。她不曾到任何機構補習，一方面是覺得無法適切安排時間，另一方面則是覺得補習費用太昂貴。於是她請學校裡一位劍橋畢業的老師練習面試。其實這位老師的女兒只比大 J 小一個年級，由此不難想見這位老師的劍橋面試經驗早就過時了。但對大 J 來說，這位老師就像一部挖土機，大 J 回答他的提問之後，他會抓住答案的一部分，再挖下去，整個面試訓練就像不斷挖土的過程。

第二位協助她進行面試訓練的是商科老師。這位老師則被大 J 形容成一架轟炸機。第一次練習，老師提出的第一個問題是：「Why are you here？（妳為什麼在這裡？）」大 J 突然愣住，和老師對視有五分鐘之久。接下來有好幾天，大 J 在走廊見到這位老師就會有怕怕的感覺，像是被轟炸之後內心產生創傷一樣。最後，大 J 又和歷史老師進行了一次模擬面試。

大 J 的歷史老師，是位各方面都很嚴厲的倫敦人。但是他告訴大 J，**面試絕對不是測驗你不知道什麼，也不是測驗你知道什麼，而是看你在不知道的情況之下，如何運用已知的知識去嘗試解決問題的**。歷史老師還告訴她，面試過程中千萬不能怕，對方是教授，而妳是高中生，答錯是應該的，但若妳不回答就是吃虧的。我想，這句話套用在很多地方都是適用的。**去嘗試，也許會失敗，但不嘗試，絕對不會成功。**

不要害怕犯錯

不需要害怕犯錯，在雙方知識上有所差距時是可以接受的；比較危險的反而是把自己描繪成一個萬事通。尤其在面試中，學會尋求幫助並機智地使用它。面試官也是普通人，他們並沒有期望應試者知道一切。犯了錯誤，尋求幫助然後重組自己的思想。比起知識上的缺乏，沒有很好地應對面試官的引導才是最糟糕的。到大學，是為了學習自己所不知道的知識，而不是成為一個無所不知的人。大 J 在分享劍橋面試經驗給學弟妹時曾說：「**不要害怕犯錯，即使犯錯，勇於承認自己的不完美**，因為我們只是一個普通人，甚至是一個高中生」。

在陪同女兒前往英國應試的路途上，我不斷的告訴她：「妳是最棒的」，能收到劍橋的面試通知，已經說明了一切。雖然女兒告訴我，這麼多來自世界各地的頂尖高手經過面試後，還會刷掉其中的 80%，我還是堅定的相信她會是那留下的 20%。劍橋大學面試當天，大 J 依照原定計畫，把自己的狀況調整到最好後。我們父女倆比預定的時間提早出發。在學校附近找了家餐館，簡單的解決了中餐後，她拿出筆記本來看，我坐在一旁偶爾和她閒聊幾句，舒緩她稍微緊張的心情。到了學校，先把行李放在劍橋貼心為面試者提供的宿舍，接著就到第一個面試地點—克萊爾學院的 Memorial Court，等候參加第一場面試。我們互相擁抱，我告訴她：「Be Confidence，Be Yourself！」，同時約定 30 分鐘後見。走出大門時，見到熙熙攘攘前來面試、或是剛結束面試的孩子們，突然心情不由自主地起伏著，還特別留意他們的長相、國籍、氣質，藉此想了解是什麼樣的孩子能有機會來到這個學術殿堂。

因為等候的時間不算長，我只能在克萊爾學院附近蹓躂，就沿著國王學院後門的皇后花園慢慢走，一路上看到不少韓國和中國大陸的旅遊團，最後在劍橋最有名的景點撐篙出發站旁的小酒吧等候。快要到約定的碰面時間之前，我回到 Memorial Court，不一會就見到大 J 面帶微笑向我走來，她一如既往，很平靜的描述了面試的過程。這場面試的主試者是兩位男教授，討論的是她 2 個月前提交以德國希特勒和蘇聯史達林為題所做的學校平時的歷史論文。我是她忠實的聆聽者，偶爾需要的時候才插上兩句，但從她的語氣中，還是不難發現，她並不十分滿意自己第一場面試的表現。

與高手切磋 在世界學術殿堂茁壯

聊著聊著不到五分鐘，我們走到了第二場面試地點 Old Court。這場面試的順序是先讀一篇文章，接下來才接受教授的面試。這篇文章密封在不能提早拆開的信封裡後，放在特定地點，給了一個小時的閱讀時間後，才到另一個指定的場地接受兩位女教授的面試。因為接下來需要 2 小時，我們約好在一家茶館等她。由於茶館位在劍橋最著名的國王學院附近，人潮幾乎沒斷過，我獨自坐在一個面對門口的小角落，以便讓她從遠處就能看到我。

近 2 個小時的時候裡，我看到不少父母帶著來面試的孩子進出這家茶館，英國及西方面孔還是占大多數，其中比較引我注目的是華裔、非裔和印裔，尤其是中國大陸的孩子。這幾天在劍橋，到處可以看到中國人的足跡。從我們住的 B&B 老闆夫婦、留學生、面試學生、還有中式餐館人員，**到了這裡更加珍惜身為臺灣人的身份與使命，也希望女兒能有機會來到這個世界級的學術殿堂與各國高手一起切磋，以喜馬拉雅山級的高度去學習、成長茁壯。**

劍橋的冬天，下午四點不到天就黑了。隨著時間一分一秒過去，我往窗外尋找大 J 的身影次數就多了起來，大約 5 點 15 分的時候，我抬起頭來看剛好看到她在門口對我揮手走來，我也報以我的微笑。她解下圍巾、脫下外套，坐下來就說：「I am so excited ！」接著就伸出她冰冷的雙手讓我緊握、取暖。同時開始不停地告訴我整個面試的過程，還讓我做筆記。

網路上經常流傳著劍橋大學面試的一些驚悚問題，嚇跑很多申請者。大 J 認為這些問題單獨存在，每個都很可怕，但是結合面試過程來看，又覺得每個問題都很合理。就像她在面試中，聽到教授關於建立童年博物館的問題時，很多人乍聽都會嚇一跳吧，但其實大 J 在前往劍橋參加面試之前，就已經收到面試相關細節的通知，包括面試教授的姓名、面試時間、地點。信中還大致寫出共有兩個階段的面試，每個試場各有兩位教授。第一場面試是根據大 J 之前所寄的歷史論文，第二場面試則是先提供一篇短文，閱讀之後與教授討論，面試的過程各二十分鐘。

懷抱熱忱真心努力

女兒分享面試那篇閱讀文章，是關於一間存放了許多日記的童年博物館 (Childhood Museum)，後來在面試時，教授拋出了問題：「如果妳要建造一間博物館，展示『童年』，你會擺設什麼陳列品？」沒有預設答案，沒有參考書籍，更沒有公式可套。她和教授談了很多關於孩子、歷史、宇宙、時代等議題，還有她之前提交的自傳。最讓她興奮的是教授特別讓她就學了三年的日本茶道，談了這件技藝與歷史的關聯。事後女兒跟我說，她離開面試教室時走路輕飄飄的，好似快飛了起來似的，跟我談了十分鐘，兩手竟然從冰冷變成熱烘烘的，可見她內心的激動。我知道能讓她暢所欲言的表達自己的想法，就表示她已完全進入狀況，其他的就交給上帝吧。

經歷過面試之後，有人問大J**面試中最重要的是甚麼？她的回答是勇於說不知道，不要讓教授覺得你是一個萬事通，因為你不是啊！做自己是重要的**。在面試中，適時地尋求幫助，然後聰明的**運用你所知道的知識與教授提供的線索來試圖理解問題給出答案**。面試官也是普通人，他們並沒有期望你知道一切。被劍橋錄取後，大J才終於明白，他們想看見、想認識、想瞭解的是應試者本身，一個最真實的你，有的時候勉強自己，反而弄巧成拙吧！我相信**求學問是一個腳踏實地，毫無僥倖的漫長過程，只有當你真的懷抱熱誠並真心喜歡它，學習才會是精彩的**。

實現取得進入劍橋門票的夢想

大J從申請學校的選擇、面試準備，還得兼顧高中課業，但因為她的堅持與努力，獲得最好的結果，獲得劍橋大學歷史系的入學許可，夢想得以實現。

陪著大 J 到劍橋面試後，從英國回來的第一個月裡，經常在心裡默默的告訴自己：We will come back。也不斷給予大 J 心理建設及打氣：「妳已經盡最大努力了，不管有沒有通過面試這一關，妳是最棒的，其他只是氣場是否契合罷了」。

教育改變國家　拉升高度擴大影響

在預估面試通知寄達日期之前，大 J 告訴我和太太、妹妹，希望給她獨處的時間與空間。我們都能想像她的心情，大家心照不宣地不去干擾她。直到有一晚，我在外參加聚會，約莫九點多時手機收到來自家人四人群組的微信，是小女兒小 J 錄的一段視頻。打開之後，看到大 J 激動的、又哭又笑的以英文講了一串我一時間聽不清楚的內容，還穿插著小 J 嘰哩呱啦的話。後來才知道大 J 收到了劍橋大學的錄取通知，因為太高興、太激動而哽咽落淚。我在電話裡只簡單說了一句話：I know you will，這些日子以來懸在我心裡的一塊大石頭，也終於能放下了。

經過了半年的準備，一個月的等待，她終於通過了最難的二階段面試，收到遠從數千公里之外，來自劍橋大學發來的通知。一所我從來沒敢奢望的世界名校，按照 2015 年 QS 最新世界大學排名[1]，劍橋大學名列世界第三，英國第一。而在她所選擇的歷史系專業領域上，劍橋則是全球第一。或許是從小遇到太多好老師、好長輩，也受我對「教育才能改變一個社會與國家」言論的影響，她對教育、對弱勢孩子的相關議題特別感興趣。過去兩年她為了偏鄉孩子發起幾次慈善活動。我告訴她，如果關心這方面議題，就必須讓自己在未來變成有影響力的人，才能把這些影響擴大千倍萬倍。

全心全意支持　協助孩子走自己的路

她也曾多次參加世界學者盃[2]都獲得不錯的名次，最近一次在數百位中外學生比賽裡，也入圍最後六人小組的臨時混合編隊辯論，看了同學在現場為她錄製的影片，我發現她的口才與台風表現足以成為準專業律師，所以就鼓勵她朝這方面發展，每年可以挪出時間做公益、為弱勢族群爭取權益，或者進入一所世界名校整合頂級資源，為華人社會做宣傳。我希望讓她明白只有拉升高度，自己所做的事才能被世界看到。

從大 J 初中時期，我就體認到以自己的知識與能力，已經無法在學業上給她額外的指導，能做的就是默默的支持她。我也慶幸自己沒有過度干預她的求學之路與申請方向。我始終堅信，**把手放開，孩子才能按照自己的想法與思路，走出一條屬於自己的道路**。當初她對歷史和教育這兩門課程特別感興趣，家中有些長輩持不同意見，和大 J 討論後發現她有自己非常獨到的觀點，就決定全力支持，幫助她力排眾議。畢竟社會需要多元人才，讀書的價值也非僅由科系與工作來論定。我相信只要她把自己擦亮，伯樂自然會找來，何懼之有？如果她不隨波逐流，又能發揮自己的熱情，做父母的我們有什麼理由不支持呢？

兩姊妹從小開始學習鋼琴，太太從一位返回臺灣的朋友手上接手一部二手鋼琴，這台鋼琴隨著我們從北京到上海，搬了五次家。雖然孩子們決定不走音樂這條路，但是偶爾還是會翻開琴譜彈彈自己偶像歌手的歌，成了孩子們在低潮時用來舒壓、解悶的最好夥伴。從小也學習油畫的她們，在我與朋友共創的藝術博覽會期間也多次參與其中擔任導覽解說工作；更曾因為大女兒的翻譯，讓一家畫廊願意把作品賣給荷蘭的同業。誰說放棄對文化、對藝術的興趣才能讀好書？

當然，她們也並非完美，大 J 即便進入劍橋大學就讀，也不見得從此就能一帆風順或是高人一等，更需要謙卑做人。而我也只是盡量做好一位父親能做的、該做的，也相信未來的她們，都會找到自己的方向。

1.QS最新世界大學排名（QS World University Rankings；簡稱 QS rankings），是由教育組織QS（Quacquarelli Symonds）所發表的年度世界大學排名，排名包括主要的世界大學綜合排名及學科排名。根據2016年09月06日更新的2017年QS世界大學綜合排名，世界第一是美國的麻省理工學院，美國史丹佛大學和哈佛大學名列二、三；名列第四的劍橋大學，則為英國第一。

2.世界學者盃(the World Scholar's Cup) ，2006年成立，是一個與傳統學術競賽與辯論比賽相似，而又全然不同的競賽，包含一個大主題並且有六門與主題相關的科目，學生需要鍛鍊批判性思維和通過自己本身持有的知識來得到一個問題的答案，而不僅僅是依靠死記硬背；鼓勵學生不僅要展現自己現有的能力，更要挖掘自己的潛能。

給大J的一封信

Dear 大J,

恭喜妳獲得劍橋大學、東京大學的錄取通知，同時也還有其他幾所我記不起名字的大學。我們李家因為有妳，而突然變得熱鬧起來。有道是「父以女而貴」，妳真的是我們的驕傲。從妳得到劍橋大學的入學通知以來，爸爸收到的祝福，來自四面八方，有透過微信、臉書，也有當面送來祝福；這些祝福除了親友們，也有來自僅有幾面之緣的朋友，甚至素昧平生的人們，這些祝福讓我感到有妳真好。

因為進入劍橋大學，妳離開了我們共同生活居住了18年的家，獨自一人前往遠方，邁向人生的另一階段。我知道妳不會因此恐懼與害怕，因為這就是人生必經的道路。**面對未來的各種困難與折磨，要懷著感恩的心，更不要輕易被打倒。因為那是老天爺在你邁向卓越精彩的人生道路上設下的考驗。當別人放棄或退賽，而妳沒有被打倒，成功就屬於妳了**。就像當初妳選擇不去美國留學，選擇歷史系，選擇不找留學仲介，選擇走你自己的道路一樣。成功的定義有千百種，不一定是賺大錢，也不一定是當大官，但**我希望妳成為一個有影響力，有自己價值觀的人，因為任何的改變都需要影響力，否則勢小力微**。

爸爸相信妳，妳也要**相信自己是獨一無二的，別人再強，但那不是妳；別人再好，那也不是妳。不需要羡慕別人，更不要去做比較，做好自己，足矣！失敗也好，挫折也罷，都要一笑置之**，妳可以痛哭一場，但睡一覺醒來就要忘了它。只要常常想著我們、妹妹、奶奶阿嬤、姑姑阿姨，我們都是妳最強的後盾，常常給我們寫信或發訊息，讓我們知道妳很平安健康，就夠了！親情總是這樣，在妳發光發熱的時候不一定要想著我們，或許也會暫時忘了我們，因為人在鎂光燈下總會迷失自己。但沒關係，只要妳**在失意或遇上挫折時，知道我們都在後方默默的支持妳，也永遠會在妳回家時張開雙手擁抱妳，那就夠了！**

依稀記得妳上小學的第一天，我和媽媽開著車跟在校車旁，讓妳知道我們一直在妳身邊，然後默默的看著承載著妳嬌小身軀的校車逐漸消失在車陣裡。如今妳已亭亭玉立，步入世界學術殿堂，才驚覺時間怎麼過的這麼快。曾經在兩岸未開放直航的日子裡，我和媽媽從香港轉機的行李中，大半的位置都放有妳和妹妹的書。沒想到，十多年過去了，妳竟然要飛的那麼遠的國度去追求更高的學問。過去這段時間好多朋友問我會不會捨不得，可能因為陪妳從申請、面試，度過一個又一個艱難的挑戰，一路走來一直堅信妳能去劍橋大學，整個人身在其中就沒太去在意這件事。

直到寫這封信時，腦海裡突然意識到，這件事真的發生了，妳已遠走高飛了。止不住我這個感性老人的淚水和鼻涕，也讓我真正體會到奶奶隻身在臺灣的寂寞與孤獨。

記得多多運動鍛鍊身體，我知道吃垃圾食物會讓人心情愉快，但不要變成一種習慣。每天微笑入睡，開心起床，這樣的**規律生活才能支撐妳度過繁重的學習生活。偶爾放鬆自己，看看電影、到處旅遊，和朋友聊天也都是必須的，這才是真正的人生**。熬夜讀書和加班都是年輕人可能碰到的，不必抗拒，但需要注意不可經年累月持續著。健康的身體永遠是妳拚搏的本錢，**失去了健康，一切都是空談**。

「在家靠父母，出外靠朋友。」雖是一句老掉牙的名言，卻也是亙古不變的道理。只是現在的朋友圈太過複雜，妳要慎選，尤其是社交網路上不認識、不熟悉的網友，妳要特別當心。**人生，會有許許多多的朋友，但知己只會有少數幾人，那是妳在失意落魄時還能陪在妳身邊，為妳打氣加油的人**，爸爸相信妳有正確選擇的智慧。西方社會非常關注每個人是否對世界、對社會、對周遭人事物抱持奉獻和服務的精神，所以妳要時刻關注這個東西方的差異，只要留意自身的風險即可。

無論如何，保持自己獨處時的興趣與愛好。偶爾看看不用大腦的韓劇是不錯的選擇，但同時讓自己培養幾個愛好也很重要，例如定期的逛畫廊、觀賞音樂劇、聽演奏會，都可以拓展視野、開闊胸襟。甚至在條件允許的範圍內養成跑步或鍛鍊身體的習慣，只要留意自身的安全即可。在外生活，接受自己的獨一無二，不用太在乎別人的眼光；但要有自律性，可以玩耍、可以休息，但不可以槁木死灰的過日子。

商業是推動這個世界前進的一個動力；歷史，更需要這些元素才能書寫傳世的篇章。爸爸知道妳不太喜歡太過商業化的一切，但要尊重每一位在自己崗位上努力的人，有了各式各樣的人，這個社會才會充滿朝氣。就像妳常常告訴我的，妳**可以不喜歡一個人，但絕對尊重並捍衛他人說話的權利一樣的去培養自己的大氣**。雖然賺大錢可能不是妳的目標，但存夠足夠的錢，讓自己過的無憂，才能毫無牽掛地去做自己想要的事。說明需要被說明的人！就像你小時候上飛機時最喜歡看的機上安全示範，先把自己準備好，才能去幫助別人，是一樣的道理！

我希望妳保有獨立思考的能力。這一點我從妳小時候就看出來了，妳從不隨波逐流、趨炎附勢，進而跟隨別人的意見亦步亦趨。反而常常能提出連老師都嘖嘖稱奇的獨到看法和意見，這是一個非常好的能力，也對妳研讀歷史的過程中有所幫助，更體現在妳對事情的判斷上。做一個有獨立思考能力的人，絕對會在未來提供你很大的幫助。

不管妳到哪裡，都會有著文化上的差異，所以在外求學要盡量去融入當地的環境，期許自己做一個有眼界的世界公民，為自己爭光，為家人爭氣！

最後，爸爸代表我們全家人祝福妳，也祝妳在劍橋大學讀得開心，玩得愉快！

Dad

婉拒東京大學全額獎學金

選擇，從來都不是容易的。但決定了，就要一路往前，無需回頭，因為這一切都會是最好的安排。

2015 年 5 月，我回到台灣參加第一屆福爾摩沙國際藝術博覽會。其中一天，藝博會參觀結束後，發了訊息給參加長達兩週 IB 考試的大女兒大 J，問問她是否順利？很快的收到女兒回覆，告知日本東京大學提供她大學四年的全額獎學金，外加每月大約 1000 美金的生活補貼，足以讓她幾乎不花一毛錢直到畢業。這真是給了當時因出差頻繁行程而疲憊不堪的我一劑強心針！聽到這個天大的好消息，我很高興也很激動，眼眶還泛起淚水；但與我相反的是，從女兒發來訊息的字裡行間感受到的是她的淡定。

為自己人生負責

隨後，我陷入了一陣長考，也和女兒透過微信討論。因為雖然與執全球學術殿堂之首的劍橋大學相較，當年全球排名 20、亞洲第一的東京大學在學術地位上還有一段距離；但從現實面來看，四年免學費和生活費，的確能為家裡減輕很大的負擔。因為三年後，小女兒小 J 也會和姊姊一樣出國留學，對家裡來說又是一筆不小的開銷。但儘管有家庭經濟的現實考量，聽到孩子說自己會做最後的判斷與決定時，我馬上告訴她：「不管最後妳做了什麼決定，爸爸一定全力支持」。畢竟**無論是世界排名或學費全免，都比不上我對她的百分之百支持與肯定**。我相信因為自信讓她走到了今天，她也將帶著這樣的自信去面對那未知又詭譎的花花世界。

這孩子從一歲半就跟著我們離開家鄉，在北京和上海生活求學，但始終沒忘本。我也很慶幸在她成長的過程中沒有受到太多台灣教育改革的衝擊，和太太始終堅持讓她和妹妹在國際化的教育下學習和成長。她的高智商遺傳自母親，我則負責她的國際化視野和人生價值觀。我們從未期望她進入名校，申請季來臨時，學校老師覺得她可以申請劍橋大學的情況下，也沒有讓她去補習，或者透過留學仲介的包裝，完全靠她自己一步一步的堅持與爭取。我們只是在她背後默默支持、靜靜的陪伴。

初期選擇出國方向時，大 J 就毅然放棄美國這個選項，當時的我不太理解。經過溝通後我才慢慢知道，除了美國大學入學需要 SAT、托福的考試成績，對她還需要準備學校功課不利之外，也能幫家裡省下了不少錢。一來她不願意花時間在這件她覺得沒有太大意義的事外，SAT 的補習費用也高得嚇人，還得飛回臺灣考試。現在回頭看，這個抉擇其實有她的道理。把一件事做好，比起同時做很多事還要關鍵！她總是能在大家一窩蜂時，做出自己很獨特，但事後卻證明她的判斷是正確的抉擇。在現今浮躁又人云亦云的社會，她這樣的特質其實非常的難得。

主動積極爭取不讓機會流失

對我而言，大 J 最終選擇哪所大學，已經不是那麼重要了。因為她已在學習這條道路上，掌握了應有的方法與態度。我相信她會以平常心去看待，也對她自己的未來抱持很大的自信與面對一切的能力，這就是可以讓她從容應對未來的困難險阻。我也明確的告訴她，大學之後的任何學習和進修，都要靠自己賺的錢去讀。原因是**不希望她為了讀書而讀書，她必須清楚知道，透過大學的學習可以清楚了解自己的不足；也必須在大學畢業後先投入工作幾年，如果真的覺得自己的不足，再學習的動力會更強**。我們都相信，大學不會是她最後一個學歷，所以大學是不是去劍橋，已經不是那麼重要，至少她已證明自己有這個能力去上世界任何頂尖的學校。

如果她最後選擇了東京大學，其實更證明了她自己有和常人不同的思考。因為這必須承受來自社會，朋友，學校各方面的不理解，不認可的壓力，這表示她全然不受劍橋大學所給予的光環影響，能夠獨立自主的做出她人生重要的抉擇。 我在跟她幾次的溝通中，也跟她提到，如果最後選擇東大，可以利用其中的一年到其他國家去做交換學生，也可以利用這個機會把她有點基礎的日文學得更紮實，未嘗不是一種很好的機會。這是在劍橋沒有的機會。她也非常認可我的這種思路與考慮。

我告訴孩子，**因為人生是她們自己的。未來世界的競爭只會日趨激烈，必須靠自己的能力主動且積極爭取任何想要的機會，不要猶豫、不要遲疑，更不能像傳統教育告訴我們的：溫良恭儉讓，在這個自媒體時代那樣只會讓機會從身邊流逝**。只要不用不正當的手段，一切妳想要的都要主動去爭取。在收到劍橋大學面試通過之前，大 J 也同時申請了日本的東京大學和早稻田大學，我告訴她，既然劍橋錄取了妳，妳就有條件主動向東大和早稻田大學爭取獎學金，讓自己有更多更好的選擇。雖然早稻田早早就給了她錄取通知，但是對早已手握英國五所大學錄取通知的她，早稻田已不在考慮之列。

培養國際視野與高度

從那時候開始，我們的目標就只停留在劍橋和東大，而會選擇東大的唯一可能就是全額獎學金，而今終於如願以償。從申請獎學金開始的第一天，我就告訴她，妳一定沒問題的。有時候常常覺得，對孩子的正面心理暗示是教育裡很重要的一環。最終大J放棄了東京大學四年全額獎學金及每月生活補貼，只因為她想挑戰自己，不讓自己怠惰，做父母的當然就全力支持。畢竟這是一個靠她自己努力而爭取來的機會，沒想到過了幾天，劍橋大學又發來通知，提供她每年3500英鎊的獎助金，我想，這不僅是她的努力，也是祖上積德。也感謝一路上指導她的老師，和長輩們的祝福！她從小就喜歡辯證式的思維，願意從不同角度去看事情，也很有自己獨特的想法。我想，劍橋沒有選錯人。這個過程我一路陪著她走過來，從申請，面試，IB考試，到最後她自己做出的決定，每一步都走來不易，但覺得走的真實又踏實，毫不僥倖。

其實教育只有最合適，沒有最好的。作為一個平凡的父親，我跟大家一樣都希望孩子能平安幸福健康快樂。孩子要去這麼遠的地方，心裡也很不捨。但面對臺灣和中國大陸各自的現狀，**只有讓孩子更有國際化的視野與高度，然後讓她們去做自己的選擇與判斷，畢竟未來是屬於年輕人的。我沒有豐功偉績，也沒辦法幫她們一輩子，所以只能培養她們正確的人生價值觀，去面對未來混沌不明的世界。**

全球瘋IB課程

IB課程培養高中生成為具有批判性思維的世界公民，有同理心的思想家和一個終身的學習者。

大J向日本和英國多所學校提出入學申請後，雖然收到了英國和日本共六所大學的錄取通知，但和美國不同的是，這些學校同時還要求她的IB[1]成績要達到一定的標準。雖然標準值比她的預估的分數還低，但是一切都可能有變數，更何況IB成績不是全然由考試得來，還要同時考量其他因素。

訓練挖掘、分析、歸納能力

舉個例子來說，之前大J曾為了完成IB Business課程中的IA(Internal Assessment）報告，就由我情商兩位朋友，以他們的公司作為大J案例撰寫參考。我帶著女兒與對方面對面訪談，希望找出適合案例研究的重點方向。仔細看了IA的寫作要求，這樣的訓練已經符合商學院的課程標準，難怪有人說IB課程與中國高中課程的要求與強度相較是有過之而無不及，差別在於它不是訓練孩子的解題技巧與死記硬背的能力，而是要求學生具備未來進入國際一流大學、一流企業所應有的發現、分析與解決問題的能力。在這樣的訓練要求下，**孩子們無法透過死讀書、背公式去完成作業，他**

們學會的是能主動挖掘問題，分析並歸納問題的原因，甚至組織團隊、撰寫企劃書，最終解決問題的能力。

大 J 以商業顧問的角色撰寫這份報告，她先藉由企業訪談，協助找出問題，最終提供建議與解決方案。兩個案例的其中一家公司，原本專營出口的貨運代理，但因為過去幾年人民幣大幅升值造成成本上升，因此幾年前開始轉型為紅酒進口代理商。另一家是剛在中國起步的火鍋連鎖品牌，對方大方分享在中國未來的拓展計畫、員工培訓與其他不同品牌的差異化競爭。

經過一下午的交流，最終的目標是大 J 需要協助這兩家公司分別找出一個未來商業競爭優勢的關鍵因素，再運用諸如行銷策略、人力資源，或是成本控制等各種商業運作常見的策略與手段，深入挖掘、分析，協助對方成功並有效的解決問題，然後交出此份報告。這份報告裡還必須列出客戶的訪談記錄，製作輔助閱讀的圖表，以及標示出所有引用資料出處與來源。

我終於慢慢理解為什麼經常聽聞中國有很多學生以 SAT 測驗[2]（Scholastic Assessment Tests，台灣稱為學術水準測驗考試）滿分申請美國一流大學卻被拒絕；有些人幸運成功申請名校，最終卻因讀不下去而退學。這其中的**差距不在於解題能力、考試滿分，而在於孩子是否真正學到了解決問題的方法與能力，並同時能旁徵博引，言之有物。**

勇於表達自我觀點

在一旁聆聽大 J 與連鎖火鍋經營者的對談中，我學到了很多經營一家連鎖火鍋的秘訣與在中國經商之道，這些經驗都不是可以在商學院的課程中輕易獲得的，而是從業者認真且苦幹實幹累積的經驗中體驗來的。朋友對我們毫不藏私的侃侃而談，讓我非常感動，也給予最大的祝福。一個企業的成功絕非一蹴可及，技術人才的培養也不是一朝一夕可成，從這席談話中也印證了**職業技術教育的重要性，也絕不是如現在實行的大量普及大學教育可以取代的**。

訪談中，朋友問起大 J 在劍橋面試的情況，她舉了個例子：有位申請劍橋社會經濟學系的學生，面試時教授拿了一個茶包問她：「妳覺得這代表著什麼呢？」學生愣了一下，想了半天，最後蹦出了一句：「我覺得可能有各種香氣吧！」結果可想而知。女兒接著說，這個題目可以從一包茶袋開始，講述國際貿易對全球經濟的影響；也可以從殖民經濟角度切入談論政治經濟學；甚至從茶葉的栽種、分級、包裝、市場的角度，談論產品差異化定位。

類似這樣的問題，不但**考驗一個學生的知識點，甚至反映出一位申請者對所申請的專業，有沒有大量的閱讀相關專業的資料，並當場做出屬於自己獨特的回答與反應**。女兒更說，其實這樣的問題沒有標準答案，教授們也不會有預設立場，只是如果只會死讀書，是無法在當場提出自己的觀點。

擁有中心思想過關斬將

而孩子的自信，也會在類似面試這樣的場合立分高下。這是因為問題的不可預測性，導致各種千奇百怪的問題都可能出現，如果一個平常習慣了一問一答，甚至只會針對性地解題、沒有自己中心思想、缺乏自信的孩子，是很難通過這一輪面對面、即席的考驗。這或許也說明了**亞洲、甚至是中國的孩子，很大比例在申請國外**

名校入學資格時都是理工科系的領域，因為這樣的專業相對容易準備。我當然不是認為理工科系的專業相對容易，而是這些技術性科系要求更多的是左腦的邏輯性思維。

而在社會人文領域的全方面發展上，中國在學校的教育體系上似乎日趨偏離正路，很難在短時間內超過西方，但這偏偏是社會國家在發展道路上不可或缺的全才型重要人才訓練的方式。當初在選擇以專業申請大學時，女兒的商業學老師因為她對商業這門課有著極高的理解力，成績表現優異，就一直鼓勵她攻讀商學院。而她的IB 測驗，那年全球 14 萬考生只有 160 名滿分（IB 滿分為 45 分），她是其中之一，商業學也是她在 6 個學科裡最得心應手的。

但因為女兒對人文科學領域的興趣更高，也受到歷史老師的鼓勵，最終沒有選擇商業這條路，IA 的訪談與報告撰寫，或許能讓她展現自己在這方面的實力，發現自己尚未被挖掘的領域，也對未來保留一點想像空間。畢竟，未來有無限可能性！身為父親的我，能做的就是鼓勵她多方嘗試，從中找出自己真正的愛好與興趣。

1.IB：全稱為國際預科證書課程（International Baccalaureate Diploma Programme）是為高中生設計為期兩年的課程，包括語言和文學研究、語言習得、個人與社會、實驗科學、數學以及藝術。除上述六個科目之外，學生需完成一組核心科目：知識理論、創意行動服務以及拓展論文。北美、歐洲，有許多著名的大學接受IB測驗表現出色的學生，部分大學還提供獎勵學分、越級的鼓勵入學政策。

2.SAT測驗是由美國大學委員會委託美國教育測驗服務社定期舉辦的世界性測驗，作為美國各大學申請入學的重要參考條件之一。2016年起推出的新制SAT為紙筆測驗，測驗項目改為二大項目：數學及實證性閱讀與寫作。新制考試強調實證性邏輯思考、整合與理解能力，而非僅注重考試技巧。

送別千里之外

在我們有體力、有眼界的時候，記得搭上孩子們的羽翼，乘風而起、穿山越嶺的遨遊這個美麗世界。

「don't cry too much」，這是我們一家人陪著大J前往劍橋大學就讀，離開學校前，每個人分別跟她擁抱告別時，她和妹妹說的一句話。那時我就站在旁邊，聽了之後思緒很複雜。我們站在住宿酒店前，目送著她騎著剛剛買來的自行車往自己的學院前行，隨後我們三人搭上計程車幫她把生活用品帶到學院，雖然只有短短的幾分鐘車程距離，卻讓人感到如萬里般的遙遠。此時，車上寂靜無聲，宛如死寂般的凝重。沒多久，見到她正站在學院門口等著我們。為了避免離別的情緒再次觸動大家的心裡，沒人下車，我在車上把物品遞交給她後，隨即驅車前往劍橋火車站。

母親孩子不捨愛戀

從車上的後視鏡，看著她提著我們買給她的物品，走進學院門口，背影慢慢消失在我們的視野時，內心還是有些不捨。前往火車站的路上，太太戴起太陽眼鏡，我能感覺到她在啜泣，心情也很低落，我只能輕輕地安慰她：「放心，孩子一定會好好的！」我的太太可能是家族裡，也可能是臺灣最後一代傳統女性的象徵。她外表嬌小柔弱，但內心剛毅堅強，孩子的個性上某些部分的確有點像她。

這十多年來，我們一家雖然一直在異鄉到處漂泊，但始終在一起。我能理解一位母親此時的心情；也早做好心理準備，因為即使作為父親的我，也會有點感傷，雖然一定很苦、很煎熬，我依舊相信她一定能平安順利的度過這段在英國求學的日子。抵達那個在臺灣都算小的劍橋火車站，我買了杯咖啡讓太太在心情沮喪的情形下，振奮起來，她按照往例一下子就恢復過來，沒讓這個悲傷情緒繼續蔓延開。

英國，這個發明了蒸汽機火車的國家，引領著全球開啟了工業革命，並走過了數百年的文明。城市建築間，依舊擁有那老派的優雅氣質，雖然硬體設施略顯老舊，卻能看出老牌工業革命時期的歷史依然在此屹立不搖。也多虧了這所英語世界裡第二老牌的大學，劍橋大學的學院制度也深深地影響著美國的幾所常春藤大學，直到前幾年我才知道美國哈佛大學所在的城市就叫做「劍橋市」。

哈佛大學始建於 1636 年，這是當年移居美國的英國清教徒，仿效當時英國劍橋大學的模式，在美國麻州的查爾斯河畔所建立的美國歷史上第一所高等院校。1639 年正式定名為哈佛學院，是為了紀念創辦人，也是辦學經費的主要贊助人之一，畢業於劍橋大學伊曼紐爾學院的約翰 • 哈佛 (John Harvard)。

教育百年大計　改變人們氣質關鍵

回到倫敦入住酒店後，把幾天來的照片發給我的母親時，想著想著，自己的淚水也差點奪眶而出。果然 50 歲的男人感性已經大過理性，還好，現在的科技發達能讓遠在地球兩端的聯繫變得更加方便，文字、語音、圖片、視頻讓我們感覺依舊近在咫尺。我想，這麼多年來我沒有給孩子買過什麼貴重的禮物，她也非常節儉，盡量不亂花錢。這次全家陪大 J 到劍橋，就算是作為父母的我們送給她最好的成年禮吧。教育可能是改變一個人最大的關鍵，氣質和文化方面如果能在背後推上一把，那是再好不過了。我們在中國大陸這 20 年來，花最多錢的就是教育這件事，還好孩子們也都很爭氣，沒讓我操太多心。

造訪劍橋大學三次了，第一次是 2010 年的夏天，那是一次單純的家庭旅遊，在旅行社的安排之下在劍橋停留一天，沒想到卻像是註定了孩子多年後能有機會來到這裡讀書。跟著旅行社的安排，我們還去了約克、愛丁堡、湖區和巴斯、溫莎城堡，沒留下太多的印象，只覺得一切還算美好。第二次是 2014 年 10 月，我自己帶著大 J 來參加面試，我告訴自己不能在孩子面前表現出緊張的樣子，因為我陪她來的目的就是讓她放鬆。雖然孩子告訴我在新加坡或上海也有機會參加劍橋大學招生官的親自面試，但是她想到劍橋看看學校；對我來說能親自到劍橋大學參加面試，雖然路途遙遠，也所費不貲，但絕對值得，當下就答應了她。

孩子帶領遨遊美麗世界

也多虧她明智的決定，讓我在 2014 年帶她去劍橋面試時，有機會順道到訪英格蘭最北部的杜蘭大學，一所也給了她有條件錄取的老牌學校，在她所選的專業裡也是全球數一數二的學校參觀。我安排了一所名字叫做 KING's lodge 的旅店下榻。別看這城市雖小，但起起伏伏的路，讓我們拉著行李都無法行走，必須攔輛計程車前往酒店。這所學校就建在一座孤立的山坡上，估計也有好幾百年的歷史，遠遠望去就像一座座矗立的高塔堆疊而成，讓人突然覺得穿越了時空。前往這所學校，必須經過一座大橋，我看了一下地理環境，它就像是電影裡看過的，有著護城河的中世紀古堡，地勢險要，易守難攻。

一路上的景色也是風光迤邐，美不勝收，我的腦海裡出現了許多電影畫面，最後定格在梅爾 ‧ 吉勃遜 (Mel Gibson) 主演的《梅爾吉勃遜之英雄本色》(Brave Heart) 裡的中世紀戰爭場景。這部電影以 13 到 14 世紀間，英格蘭的宮廷政治為背景，以戰爭為核心講述了蘇格蘭起義領袖威廉 ‧ 華萊士與英格蘭統治者不屈不撓鬥爭的故事。

我常常在想，**孩子能給我們什麼？或許不是金錢的回饋，那有許許多多的不確定性；也不一定是老年的照護，那個太遙遠，也很沉重。而是我們在有體力有眼界的時候，能夠搭在她們逐漸豐滿的翅膀上乘風而起，穿山越嶺的帶著我們遨遊這個美麗的世界**。就像陪她到劍橋，表面上是我帶著她參加面試，實質上是她給了我另一個看英國，看世界的機會。這是我用錢都換不來的，不是嗎？

父母適時放手激發自信精神

而 2015 年帶她到劍橋大學報到則是另一趟全家旅遊，我們規劃了一些藝術和美食的行程，也趁此機會瞭解更多的英國歷史，就像 2010 年那次旅遊，兩個孩子正在學習英國的亨利八世國王當朝的歷史，那一段歷史大 J 說的比導遊還要精彩，讓我印象非常深刻。我們在大英博物館、國家美術館、V&A 博物館和海德公園，一一留下了足跡，也留下了許多精彩的照片。到了劍橋大學報到的那幾天，我們陪著大J採購生活用品，整理宿舍，參觀學院，那是緊湊但非常開心的一段回憶，這段旅程足以讓我們回味一輩子。

很多朋友問我，把她一個人留在了那裡會不會捨不得？其實我更願意去想成：我們讓她站上了更高的舞臺，去瞭望更遠的天空；我們讓她留在那片學術的高地，讓她能打下更深的基礎。因為我們已經無法提供她在追求更遠大目標時更多的養分。而且我希望留給孩子的是微笑與祝福，而非悲傷與失落。套句女兒在她畢業典禮致詞時常用的一句台詞：沒事的！我也要告訴她：「孩子，你專心的做學問，家裡一切都會沒事的！」

父母適時的放手，也同時承認自己在知識上的不足，有時候反而能激起孩子獨立、自信、求知的精神！我們此時能做的，就是祝福孩子，並讓孩子感覺有個精神上的依靠，有個心靈的避風港。即使，遠在遙遠的東方。

在劍橋學會的不只是學問而已

成為劍橋大學劇團的助理舞臺監督後，不僅找到了讀書之外的樂趣，還學會如何以溝通的技巧協調複雜的關係、以宏觀的角度看事情。

大 J 在正式進入劍橋大學之後不久，就在劍橋的臉書 (FB) 看到「助理舞臺監督」的徵人啟事。當時的她，不瞭解這份工作，也不懂劇團是如何運作；只是對這個職稱感到興趣，就發了訊息給管理者，很快地收到獲得這個職位的回覆，讓她從開學的第一週就「陷入」舞台劇。這事件大大出乎我意料之外的是，這個看似平凡的舞臺劇幕後工作，竟然讓女兒找到除了讀書之外的興趣，還收穫了許多友誼。

做好時間規劃平衡課業與舞台劇

在上海就讀雙語中學開始，大 J 持續參加學校的音樂劇演出。當時學校老師把舞臺劇的元素帶進學校，在劇本裡加入很多的小角色，給了學生們很多嘗試的機會，同時還會提供不同的機會，讓學生親自體驗。剛開始時，大 J 參與表演與後臺的工作，後來隨著學校設備提升，還提供了燈光師的培訓。因此她在 9 年級、11 年級就選擇了舞台劇的幕後工作，擔任舞台經理 (Stage Manager)，學習表演之外所有行政事務；雖然整場演出都看不到她，但大 J 認為自己負責重要的幕後工作，感覺很好。初知道她擔任舞台經理時，我只覺得這就是她的興趣和愛好，並未特別掛心。

進入劍橋後，劇團幾乎是在開學的第一週就演出了，而大 J 被安排在晚間十一點到十二點，最晚的一場，對於「睡眠至上」的她來說，確實是個挑戰；幾乎每天結束劇團工作後回到宿舍，都已經凌晨 1 點多了，第二天早上還得上課。看到這樣的情形時，我心想她既不是英國人，課業又繁重，應該不會持續舞台劇的工作。

沒想到入學才半年左右，大 J 已經參與了多次舞台劇公演。後來在接受上海媒體訪談劍橋生活時，有人問她如何平衡好學習和舞臺劇的時間安排？她的回答是，每次都是做好事先的計畫，順其自然地讓它一步步發生。除了睡眠時間有點少之外，沒有產生其他影響，**也因為是自己做出的選擇，所以理當學會克服和面對**。

大 J 認為助理舞臺監督這個角色，就和日劇《交響情人夢》裡的指揮相似，每次演出的現場都可能發生不同的狀況，需要她去協調；舉例來說就如同在音樂會上，指揮讓小提琴進來的節奏，快 1 秒和慢 1 秒所呈現的效果是有差別的；而助理舞臺監督最重要的工作就是整場演出的溝通和協調。

舞台劇最吸引她的是，總有機會讓她體驗不同的工作。譬如有一次有齣劇到劍橋公演，正好缺少一名燈光師，大 J 就被找去代打；從這次的經驗，她了解到原來燈光也有不少學問，不同種類的燈會產生不同的效果，放什麼顏色的濾鏡、選用大燈還是小燈、燈光的角度……都得講究。

體驗不同工作挑戰

慢慢累積起舞台劇的經驗後，大 J 聽說有個劇團每年寒假例行前往歐洲巡演「莎士比亞」，大一課程還沒結束她就去申請擔任這部劇的巡演經理職務，雖然最終沒有順利拿下這個職務，當時負責審查的學姊認為她的經歷很適合擔任製片人，於是大 J 聽從學姊的建議，透過一位製片人朋友的介紹，認識了舞台劇《Bull》的導演，又找到了一位聯合製片人，成立三人小組，正式邁出了第一步，開始製作舞台劇。但今年在本書最後改稿的階段，她又告訴我，經過了一年的等待與主動爭取，她終於申請到這個難得的機會，將在今年底隨著劍橋大學舞台劇組前往歐洲巡迴演出。

《Bull》這齣劇的名字很有意思，直譯是公牛，整齣劇就是一個臆想，舞臺佈景只有一個，所有故事的線索和矛盾都發生在一間辦公室裡。擔任製片人的大 J，開始像營運一家公司一樣，和聯合製片人分工合作，從與版權公司協商購買著作版權價格開始，根據演出規格與劇場溝通；為了籌備資金，得備齊劇情內容，團隊願景，前期宣傳，需要總資金……等等做成規劃書，向校內某些學院的社團申請資金。

在這個過程中，大 J 碰到最大的困難無疑就是資金籌措。因為導演確定整齣劇時已經是第二學期末，敲定版權費時，學校已經放假，社團的負責人正在休假；雪上加霜的是，很多社團申請資金的截止日期已過，不是預算已經花完，就是把預算留給了暑假的劇團。面對這樣不利的場面，她毫不慌亂的先和導演商量如何節流，一邊想方設法尋求外部資源；請教認識的製片人，得知可能提供資助的社團名單，她根據這些資訊與社團負責人頻繁的以郵件溝通。但即便得到方法和管道了，在接洽的過程中，可能因為學生負責人變動，聯繫方式失效。大 J 回憶起當時，只要看到郵件退回就會感到沮喪，又失去了一個機會。

讓我感到欣慰的是，即使遇到挫折，她也從未放棄或畏縮。持續努力之後，終於有社團回覆，覺得這是齣有趣的舞台劇，願意提供一半的資金；這封信鼓舞了大 J，馬上再接再勵發郵件給更多社團，尋求另一半資金的資助。最終讓她得到預算最豐厚的社團願意提供 700 英磅，讓資金籌措圓滿告一段落。雖然申請過程艱難，但因為她堅持努力和嘗試，終於讓這齣劇有機會與觀眾見面了。

全心投入首次擔任製作人

大 J 在接受上海媒體訪問時，分享在劍橋製作舞台劇的心得提到，因為全心投入舞台劇的各個環節，讓她學習到**用溝通的技巧去協調複雜的關係；當遇到困難時，會先穩定自己的情緒，然後再努力尋找解決方式**。原本「慢熱」的她，在舞台劇工作中，和其他工作人員**因為同樣的目標長時間相處在一起，讓彼此的溝通變得自然，當遇到困難時，更能從身邊人的反應中感受到哪些人是真正的朋友，也因而得到很多珍貴的友誼**。而且，舞台劇和學校的學習是相反的。**舞台劇能讓她有機會去做不同的事，而不是只關注在一點上；同時也需要靠經驗，經由不同的工作體驗去深入理解它的本質，最後從宏觀上把握和呈現它**。

這樣難得的經驗，讓大 J 在學習及與人交流的過程中，獲得非常多且寶貴的經驗。比如看電視時，她看到節目裡的燈光效果時，會感到莫名興奮；多數人不會注意燈光師，但因為她親身經歷這份工作，培養出與別人不同的觀察角度，同樣是這種站在和別人不同的角度看待事物的能力，也是舞台劇教會她的。更難能可貴的是，她在課業相當繁重的情況下，還投書劍橋大學學生獨立報紙 Varsity，為了宣傳《Bull》盡心盡力。

在英國土地上，一所以傳統而自豪的全球頂尖大學，一位黃皮膚女孩，隻身混跡在以白人為主的地盤裡，當起了舞台劇的製作人；她撰寫的文章能被刊登在劍橋大學學生報紙，成為劇院版頭條，意味著她的文章內容毫不遜色、文字功力亦被認可！雖然我看的吃力，但身為父親的我，仍然掩不住想跟大家分享心裡的喜悅。回想起大 J 小時候，個性非常內向，不愛出風頭；總愛拿著一本書，一個人安安靜靜地端坐在家裡的某個角落。但現在看起來，誰說要長袖善舞才能出人頭地呢？小時候的慢熱，並不意味著孩子只能一輩子躲在角落裡默默無名，反倒是父母的眼光與耐心、包容與鼓勵，能幫助孩子一步一步攀上高峰。

給孩子寬闊空間

從大 J 的這段劍橋經歷，也讓我想起，2016 年應幾位家長邀請而策劃了一個藝術探索營，參加的孩子裡，有幾位比較活潑，也有幾位非常害羞與內向的孩子。當時我可以感覺到這幾位內向孩子的家長有些焦慮，似乎覺得跟其他孩子相比，自己的孩子總是默默的躲在一旁，靜靜的看著別人發揮。一點都不出色！

我想說的是，**內向和害羞一點都不妨礙孩子的發展與茁壯，因為優秀不是用成績和名次來衡量，也不是用她是否口若懸河，滔滔**

不絕來比較。人生是場馬拉松，不是百米賽跑！你只希望孩子贏在前面的 100 公尺？還是在人生黃金階段的 25 ～ 40 歲，憑藉著他在兒童和青少年時期積累的堅毅、樂觀、自信和團隊精神去賣力拚搏？大家再想想，為了孩子的漫長人生路，自己給孩子準備了什麼？是像打造全能型人才一樣的，希望他考試第一名，又要音樂、舞蹈、美術樣樣精通，週末沒有留一點空白？或者是動不動就在公眾場合責罵孩子，打擊孩子的信心，讓他抬不起頭來？

我的建議是**給孩子寬闊的空間，但同時要知道父母的底線；教孩子正確的人生價值觀、願意為自己喜歡做的去付出，並且堅持到底**。我想，孩子們能夠做好這幾點，即使沒有多大的成就，也會是一個正直、有目標，有想法的人！

出國留學豐富人生閱歷

送孩子出國讀書，為的就是想讓她們有豐富多彩的人生閱歷，自給自足的生存能力，以及能夠看淡一切的平和心態。

原以為經歷了 2016 年年初，大 J 赴英留學後第一次回家過寒假，當她返回英國那時的不捨後，太太面對再次和孩子離別時，應該會表現的更加淡定才是；沒想到，大 J 暑假在臺灣和上海停留 2 個多月後，啟程返回英國時，出境大廳前的告別擁抱，卻讓太太更加失落。或許是孩子即將要一個人因為跟隨劍橋大學舞台劇社團在外演出而將面對近 20 天在外流離顛簸；或許是想給孩子的物品因故無法全部帶走；也或許是臨出國前為了難得的家庭聚會和小 J 的同學聚會衝突，在氣氛緊張之下，最後是由大 J 負責協調的不捨。我想，**孩子的每次遠行，作為母親的總是最為不捨**；我也只能強忍住淚水，不要「火上加油」。這時候終於明白，有人說五十歲男人的內心非常脆弱，絕對不是假話。

大 J 返抵英國後，先前和一位擁有中英血統的高中同學在倫敦近郊的房子暫住一晚後，隔天再和另一位同為劍橋大學舞台劇夥伴會合後，2 人一起開了七小時的車，前往全球劇迷票選第一名的戶外海邊劇院—米納克劇場 (Minack Theatre)，參與劍橋舞台劇團的籌備和演出。米納克劇場始建於 20 世紀初，坐落在海邊峭壁和巨大岩石上，看似古羅馬遺跡；面向碧海藍天，每年都吸引著全世界無數遊客前來一窺堂奧的頂級藝術殿堂。大海、懸崖以及遠處的海岸線，成為劇場不可多得的天然佈景，能在英格蘭的邊陲地帶，伴著海浪、海風、夕陽，看一齣莎翁名劇，就是一件令人熱血沸騰的藝術體驗。更何況還能親自參與其中，成為劇組的一份子，瞭解台前幕後的製作過程，相信這會是大 J 在劍橋大學舞台劇社團短短一年內，從 stage manager 晉升到製作人後的另一個全新體驗。

2016 年暑假大 J 回到上海時，應幾位藝術探索營家長的邀請，以她多年來舞台劇幕前幕後的經驗，在暑期藝術營裡舉辦了一個小小的舞台劇實驗，以短短 5 個半天的時間，為幾位孩子規劃從熱身、幕前、幕後，到講解她在劍橋大學參與的幾次舞台劇經驗，讓孩子們從劇碼選擇、劇本擬定、道具製作到全程演出，全部一手包辦，不假他人之手，而且課程設計非常專業且細緻，她的驚人蛻變讓在一旁觀賞的我，讚嘆不已。課程模組有演員培訓、後臺製作、有導演還有編劇的基礎訓練，她先讓孩子們有個破冰的過程，用再簡單不過的幾個遊戲，讓孩子們和她打成一片，毫無距離。也藉此讓大家學會多角度思考及運用肢體語言取代口語表達，以訓練孩子們的動作協調性，更藉著這個過程讓他自己對這群孩子進一步了解，進而選角。

大 J 還透過繩結遊戲讓孩子們瞭解團隊合作及換位思考的重要性，為幾天後的最終匯演預做準備。透過「一句話故事」及「雕像展覽館」的遊戲方式，讓孩子們理解編劇和導演的工作。她也利用過去一年在劍橋大學舞台劇社團工作的經歷和照片，讓在場的孩子和家長們身歷其境，瞭解舞臺劇的全貌與精髓。接著讓孩子們根據幾天來的討論和訓練，引導他們寫出自己的劇本，親自動手製作演出的道具；雖然這一群年齡還不到 10 歲的孩子還無法達到專業水準，但是卻讓家長們過足劇癮。正式演出的時候，竟還吸引到幾位慕名而來的孩子們，自願擔任路人甲乙丙，讓整個演出更加活潑生動、精彩無比。最終謝幕的時候還大家輪流站到台前，並手牽手的向大家 90 度鞠躬，感謝現場的家長和來賓們。真不曉得她是在什麼地方學會這些課程演練的？又是如何牢牢抓住這些孩子們的心。

孩子們跟她的互動也超乎家長們的期待。這裡面**充分展現了團隊合作的重要性，也讓家長們瞭解到引導孩子做一件他們喜歡的事，比強迫他們做我們認為重要的事，對啟發孩子的內在動力是極其關鍵，有效的**。舞台劇實驗結束後，她運用這次帶孩子體驗舞臺劇獲得的打工酬勞，到米納克劇場體驗 2 個星期難得的人生經歷。在舞臺劇演出結束後，接著立刻動身到歐洲找她的高中同學，開啟她人生第一次的個人背包旅行，這些經歷都將在她以後回顧大學生活時留下滿滿的回憶。對我來說，孩子有這個難得的經歷，絕對比她優秀的學習成績來得重要。**送孩子出國讀書，為的就是想讓她們有豐富多彩的人生閱歷，自給自足的生存能力，以及能夠看淡一切的平和心態**。有了這些，我已滿足同時相信這些閱歷，她的人生將不虞匱乏。

電影《哈比人》裡有一段經典的台詞，可以概括出國留學或遊歷的一切收穫：The world is not in your books and maps. It's out there. 這句話形容的不一定是名校頭銜，也不一定是畢業後的薪資水準，而是她一輩子的人生財富。一位參與藝術探索營的孩子

Coco，和同時參加暑期舞臺劇表演的同學，在學校開學選擇課外活動，都如願的選上她滿心期待的「舞臺劇」，興奮的手舞足蹈，她的媽媽更是開心的溢於言表，還親自打電話告訴我這件事，讓我一定要轉告人正在英國的大 J 姊姊。大 J 的舞台劇實驗就是因為這位媽媽，積極奔走、無私奉獻，才能得以實現，讓大家度過了難得的幾天，也讓她的女兒在藝術探索裡獲得許多寶貴又豐富的經歷，從她身上我學會了無私才是真正的大愛，她的孩子也因此從中獲得了許多成長。

這位媽媽告訴我，她希望**孩子在一個好的 model 身旁學習成長，不一定是看重成績，而是希望孩子在 role model 的身邊學習做人處事，領略一言一行**，她就心滿意足了。在看了幾集當紅描述北京三個家庭面臨孩子青春期和出國留學處境的教育電視劇的《小別離》後，更加覺得在當今的社會，這樣心態的父母實屬難得，也讓自己的肩頭重擔加了幾分。

離家9200公里的孤獨感

沒有人想要讓孩子成為承受磨難與孤獨的超人，父母只是的單純想望千里之外的孩子平安快樂。

2016 年 8 月， 大 J 接受上海的教育媒體邀約，以「孤獨感」為題，在離家遠赴英國留學一年後，寫出自己的心情。文中寫著：「從一個熟悉的環境去到一個陌生的地方，似乎每一天都有挑戰等著妳。若是宣稱適應那全新環境的過程一帆風順，那必定是對遠在他鄉內心擔憂的親友所說出的善意謊言，我也不例外。度過了最初一個月的『蜜月期』後，緊隨其後的那兩個月是讓我記憶最深刻的『磨合期』。文化的衝擊，課業的壓力，還有生活上瑣碎的小事，這三重考驗再加上十二月英國日照時間短、天氣陰冷，讓我想家的情緒更加濃厚。」

發自內心相信孩子

看到女兒的這篇文章，我終於明白了為什麼有些時候，她對我們的問候置之不理？為什麼在繁重的課業之外，還要參加舞臺劇的幕後工作而把自己弄得筋疲力竭？原來那是她面對自己內心的處理方式，我也曾想過各種可能，但仍一如既往的相信她，因為這是我能給她最好的：發自內心的相信她。

女兒曾經在電腦上打下這樣的一段話：「我的淚水不由自主的流下，不，應該說是噴湧而出。我試圖讓自己冷靜下來，但我又一次失敗了。剛才回房間的路上碰到了鄰居同學的爸爸，他嘮叨了一句『你不覺得挺專制的嗎？讓學生每個假期都要把房間清空？』那一瞬間我忘記了禮儀，甩開他獨自快步走回房間。我抑制住自己內心的聲音，說服自己他並不需要知道我是國際生，他並不需要知道就算只是一年一次，我也很難把行李都帶回家，他並不需要知道我的父親也陪伴過我走上這些臺階，但那是第一次也是最後一次。我是幸運的，有家人幫我安頓下來。但從今往後在這個城市我是一個人。」

這段話讓我問了問自己，當你關注身在國外的孩子的成績和功課時，她要面對的卻是孤獨和寂寞，你為她準備足夠強大的心理素質去面對了嗎？隻身在英國的大 J 在聖誕節前，一個人走到賣場幫家人採購聖誕禮物，但其實我們家已經多年不慶祝耶誕節。雖然在她們長大過程中，我和太太為了配合孩子們也會假扮聖誕老人，但這並不是我們成長過程中經歷過的。聖誕節更不是大 J 兩姊妹能放假回去探望奶奶和外婆的時候。即便上海正在逐步與國際接軌，到了十二月到處都能看見聖誕樹、聖誕襪、聖誕老人以及他的麋鹿和小精靈，可這一切卻沒有文化底蘊。耶誕節，在許多國家都是家人團聚的時刻，但在大 J 的成長過程中，看到更多的是商業化的節日。

養成面對挫折勇氣

她的聖誕採購行可謂是大豐收，左右手的袋子和背包裡都裝滿各種禮物。有爸媽和妹妹的、奶奶外婆的，還有舅舅舅媽、表弟阿姨、伯父伯母、姑姑堂弟。那天她離開商場時才下午四點，但在英國天早已暗了大半，她感傷地寫下：「下午四點，在地球那端的家又是幾點呢？現在是冬令時間，所以是 8 個小時時差。冬令時間啊，這也是我以前沒體驗過的，不知道換到夏令時間的那一天何時到來。那樣，就只有 7 個小時時差了，好像離家又近了一點。」

有個英文單字「grit」，指得是不輕易放棄且能咬緊牙關達成長期目標的那種意志力，不是人高馬大、身強體健，而是雛鷹單飛時，有沒有面對無常、面對孤獨、面對挫折的勇氣。女兒在交出這篇稿件前，我請先她發給我看看，她一如既往的淡定的再三問我，你確定？我當然知道這篇文章內容一定精彩感人，也在去年陪她去劍橋後就有了心理準備，但看完後心中仍是滿滿的激動與不捨 。

女兒描述自己買完聖誕節禮物回家的路上，心情是愉悅的：「甚至還拐進久違的中餐廳吃了一碗滿是味精的雪菜鴨絲米粉。她說也許味精有麻痺思考的作用，讓她忘記了一個人吃飯的尷尬，不停的將食物送進口中。離開餐廳，天已經完全黑了，風也越來越用力的捶打著我，催促我回家。但這一刻，我的心情是愉悅的。我覺得自己征服了一個人的生活，一個人採購、一個人吃飯，我感覺自己好像女超人，好像長大了。我一個人，我孤獨但不寂寞，我設立了一天的目標，並完美的達成了它。」

看到她寫下的心路歷程，難以避免的鼻頭酸酸，眼眶泛紅。她經常謙虛的說她的中文表達能力不夠好，但是每每看到她精煉的文字，行雲流水般時常能打動人心的筆觸，就能把你帶進她所描述的世界裡。

與孤獨共處化解寂寞壓力

自從大 J 去了劍橋，我的關心多了一個層面，那依然不是學業成績，而是她的安全、她的生活。曾經一個訊息發過去，隔了好多天才有回音，她也不是那個發現沒錢了才想起找我們的孩子。我理解她很忙，忙於學習，也忙於她的舞臺劇工作。也曾經想過，她可能是因為怕思鄉，而減少了跟我們的互動，以避免觸景傷情。但看到這篇文章後，才證實我想的，正是她心裡的真實感受！真是父女連心，毫不虛假！

孤獨，寂寞，想家，是大 J 最初面對的課題。思念之情尤其在聽到朋友坐火車回家時，看到他們的父母在考試期前來安慰他們時尤為強烈。孤獨不可怕，習慣孤獨更不可怕。很多人喜歡比喻人生就像一場馬拉松，大 J 說自己也覺得和自我面對挑戰分不開關係。她四處詢問後確定自己並非個例。她的高中同學散布在許多國家，大家的學制不同、假期不同、氣候不同、時差不同。她們之中有人和室友形影不離，有人和室友同處一室卻僅是點頭之交。

有人在中國學生會找到一席之地，有人當上了韓國學生會長，也有人游離在這之外，但大家共同面對的相同的課題便是孤獨。也許有人會說，既然人生是孤獨的，那留學初期的孤獨何須費大段篇幅描述？但現實是，不論在國內或國外讀大學，大家都過分矚目進入大學的這一瞬間。高考（類似台灣的大學聯考）也好，IB 也罷，確實是人生中重要的里程碑，但人生卻不是在此嘎然而止。從高中到大學，從國內到國外，從住在家裡到一個人住，沒有人不曾碰到孤獨的時刻。

她說就像每個人面對食物有不同的解決方法，同樣的，她並沒有解決孤獨的靈丹或妙法，因為每個人都有自己面對的方法。她寫下：「孤單是正常的。有的人一開始覺得很孤單，慢慢的就好了；有的人一開始不孤單，慢慢的開始孤單了；有的人有時孤單有時淡然，這全都是正常的。對於孤單，做好心理準備，尋找自己解決的方式。」文末的一段話：「爸媽，我相信你們能聽出我那些善意的謊言，和努力忍住的哽咽。謝謝你們，給了我學習面對孤獨的機會和能力！」

看到這裡，更讓身為父親的我感到萬般不捨！她的文筆反映出她的個性與內心，初見時靦腆，再見時開朗。其實她的筆觸常有點到為止，但一鳴驚人的功力；用字遣詞或許還達不到雋永的高度，卻能輕易觸動人的內心，讓你久久不能釋懷。她也正如她自己的目標一樣，成為一個有故事，有想法，有意思的人。

送上愛和自信大禮

如同我經常和家長朋友們提到的，進大學，不管是國內還是國外，只是孩子的另一個人生起點，而不是終點。從進大學那一刻起，孩子才算是真正要去面對屬於他自己的人生。而孤獨、寂寞就是他們要跨過的第一道門檻。即便大 J 已經在相對國際化的環境下學習了多年，從她這一篇文章裡還是能感受到在國外求學與生活有多麼不容易。文化的衝擊，課業的壓力，生活的瑣事，都是一個不到 20 歲孩子要獨自去面對的。我心疼的不是她挺了過來，而是她願意把這個不為人知的秘密公諸於世，讓更多的家長朋友們去理解孩子在外生活的不易，才能多少均衡一下家長們關注的焦點，不要只是那些單純的課業成績上，當然也不只是物質上的，更多的是精神和心理層面上的。

我終於更能理解為什麼每年光從美國大學被退學的中國大陸學生會高達 8000 名，這還僅僅是 2014 年的統計數字；也終於明白為什麼她第一次放假再回劍橋時，全家到機場送行時她略顯焦慮的神情背後的原因了！此時更能體會我們能送給孩子最好的人生禮物就是：愛和自信。這是一篇關注國際化教育媒體的邀稿，她以一個過來人的經驗告訴大家，在關注孩子成績，關注孩子能進哪所學校，送孩子出國前，更要去瞭解孩子將要面對的心理層面問題，不要一窩蜂的把孩子往國外送，卻不瞭解孩子能否獨自去面對那些除了課業之外的，原來和家人同住時完全不會遇到的事。

我想，沒有一位父親會希望自己的女兒是個女超人，因為當一個超人，甚至我們世俗認為的強者，所要經歷的磨難，都不會是現在的父母希望孩子去承受的。我只是單純的希望孩子平安快樂，僅此而已。但我看到她寫下自己是個女超人，卻又莫名的感動，也很心疼；因為我知道這個過程對一個從小在相對單純環境下長大的女孩有多麼不容易。不是因為她有超人的通天本領，而是感動於她自己又向前跨了一大步，這對她自己也會是一個很大的鼓勵。

希望她這篇描述到海外留學的短文對於有意將孩子送出國，或者孩子即將離家遠行的家長有所裨益，瞭解他們的成長還有比補習，SAT、托福更加重要的事，那就是應該為孩子培養「堅毅」性格去面對孤獨和挫敗的勇氣，因為這才是真實的人生！

特別
收錄

記得你是誰，做最真實的自己！

從雙語中學一路走向國外知名學府，這一路上沒有公式可循，只有一個秘訣能增添旅途上的風景，那就是做好最真實的自己。

編按：本文為作者大女兒大J在2015年8月復二代分享會的演講內容。

我從出生到現在，有很多未解的難題。

小時候，總有人問我，妳是哪裡人？我想，我在台灣出生的，那我大概是台灣人吧，這是個簡單的問題。但當我回到台灣時，大家又喜歡叫我「大陸妹」，所以也許我是大陸人。我剛搬到上海的時候，說話速度快又帶著強烈的「儿」話韻，計程車司機說「喲，北京來的吧」，所以也許我是北京人。我在日本旅行時，聽到上海話時會不自主的回頭，所以也許我是上海人；我在餐廳點餐時，偶而習慣性地和妹妹說起英文，服務員問我是不是新加坡人、香港人？是不是住在國外？所以也許我是外國人吧。

堅持做自己 冷靜客觀審視自己

「妳是哪裡人？」一個看似簡單的問題，卻困擾了我很久。我遇見的這些人，都是根據自己的標準斷定我是哪裡人，可是，他們都不是我啊。我是哪裡人？這個問題的答案中就是要從我的口中說出的，由我來決定答案。**「做自己」這件事，說難不難，說簡單也**

不是每個人都能輕易做到的。我在 10 年級的暑假才後知後覺地開始考慮大學這件事，我不停的在尋找自己想成為怎樣的人。但那時的我才 16 歲，能怎麼決定之後要走的路啊！

曾經和家人旅遊時，有一家酒店的服務讓我留下了很深的印象。當時我想，是不是可以去讀酒店管理系？我認真在網路上搜尋許多酒店管理專業學校，也夢想著進美國最著名的康乃爾大學旅館管理學院。那時我覺得，**我想做什麼就做什麼，這就是我做自己的方法。但是，事實上我的想法過於片面了**。在我成為光鮮亮麗的酒店總經理前，我必須經歷三班制的輪班生活，有的時候要半夜下班，有的時候要半夜才上班。不巧的是，我很重視睡眠，去同學家過夜時，大家都在聊天、看電影的時候，我已經睡著了；等到大家都因為睡在一起太擠而醒來的時候，我還睡得很沉，也因此在朋友間獲得「小豬」封號。因為這個能睡又愛睡的毛病，我不得不理性的告訴自己，酒店管理這條路行不通。

正因為我總是**堅持做自己，又有點固執，我必須更加冷靜、客觀地審視自己。必須比別人花更多時間來觀察自己，才不會事後為自己所做的決定後悔。**

我在大學申請季做了個看似武斷的決定，就是毅然決然放棄申請任何美國的大學。在我做出決定的當下，看起來非常任性甚至於蠻不講理。因為這樣，我和爸爸發生了好幾次爭執；不過，光吵架也不能解決問題。所以我花了很多時間在查找許多美、英兩國的大學資料，從學制到專業選擇、學費、住宿、教學方式等等細節，再利用好幾天慢慢和爸爸說明兩個國家大學制度的利弊。

主動嘗試說服

事後，我和一位日本同學談起這件事，她說她好羨慕我，那時她爸媽已經決定讓她回日本讀書了。可是當我問她有沒有和父母正式地談過這件事情時，她卻告訴我連試都沒試。看來，**要做真實的自己是會受到周遭很多障礙和阻撓的。因為就算是爸媽，也無法完全理解你的想法，因為他們不是你。但既然你決定了你是誰，並且沒有人比你更理解自己，那麼你就有義務收集資料，耐心解釋，使別人也能理解你做這個決定的理由。**而且，在查找資料、說服爸爸的過程中，我也瞭解到了更多關於大學申請的流程，可謂是一舉兩得。

在我申請完大學後，有人問我：「妳都申請上了劍橋，當初為什麼不多申請一些美國的大學，妳肯定能進常春藤。」其實不是這樣的，我清楚的知道，因為當初沒有申請美國的大學，才能專心於學校的課業上，又能享有一定程度的睡眠。我也知道，因為沒有申請美國的大學，才能在 11 年級的時候，依照自己的喜好選擇課餘活動。而參與這些活動所帶來的冒險和挑戰，使我更加深了對自我的認識。開始參加辯論以及加入世界學者盃 (the World Scholar's Cup) ，可以說有點動機不純。

學校第一次組隊參加「世界學者盃」辯論賽時，我是 8 年級的學生。老師介紹了這個比賽的各個項目，但是我只記得能去北京，還拐騙了兩位同學一起參加。既然是動機不純，自然在準備上也十分敷衍。當時的世界學者盃和現在的模式稍微不同。那時候他們會在官網上公布六個不同領域的資料，我們根據那些資料學習，比賽的時候根據這些知識點進行個人選擇題、團體選擇題、個人寫作和團體辯論。

制定目標用心投入

這場比賽中，雖然我們輸得慘不忍睹，但也可說算是發現一種新的「吵架方式」，這個名叫「辯論」的方式打開了我的眼界，也是通過辯論，我能有自信地在公眾場合進行長篇大論。在 11 年級時能在世界學者盃一舉奪得眾多獎項，我想和我內心深知這是最後一次比賽，還有不需要準備 SAT 考試所贏得的時間是脫不了關係的。也是因為參加世界學者盃，我的護照上多了新加坡、馬來西亞、泰國、香港的海關章，這點也是我很自豪的。

如果說辯論讓我暢所欲言，那麼學習日本茶道就是一種修行。誤打誤撞開始學習之後，我一學就是三年。我自我診斷後，覺得自己對茶上了癮，不論是哪種茶，哪天忘記喝了，那天上課總覺得少了些什麼。有些人覺得，學茶道也幾乎只是機械式的重複動作而已，為什麼需要學習？但是對我來說，當我專心泡茶的時候，我的心情非常平靜。當我喝下一口茶，茶的味道在嘴裡蔓延開的時候，我是非常享受的。而這看似沒用的茶道，卻是我每次大學面試時面試官必問的問題之一。

但其實在辯論和茶道之前，我已經認識了舞台劇。我一直覺得自己是幸運的，6 年級時遇到一位從來不認真教書的英文老師，因為他原先做過戲劇老師，所以在我們上課時，他總會安排我們去演一些短劇。6 年級下學期時，我還參加了人生第一場舞台劇，第一次上臺就有臺詞，又唱又跳還穿戴著老師自製的道具和奇裝異服，我一下就喜歡上了那種和大家一起努力完成共同目標的感覺。在那之後，每一年我都參加舞臺劇的演出。但是漸漸的，我對另一組人產生了興趣——那就是後臺工作者。剛開始，後臺的大部分工作都是由老師擔當，我們只需準備好臺詞、舞蹈、歌曲，上臺後在聚光燈下表演就好。

為自己的決定負責

慢慢的，老師也開始邀請同學參與後臺工作，那時我覺得這些幕後人員，默默地做著觀眾不知道，但至關重要的工作，實在是太棒了！於是，我決定換工作。因為我曾經做過演員，這樣的經歷讓我能夠更容易理解作為一位演員的需求。於是我向老師要劇本，在劇本上標記好每一幕戲需要的道具、需要的演員。演員排練的時候我就坐在台下看，一點一點地觀察。我想，這和圍棋有點類似，就是每一步都需要去多看、多練、事先多想幾步。

11 年級老師在招募演員時，我主動湊了過去，對老師說：「今年可以讓我負責後臺嗎？」老師說：「先讓我選好演員」。在一天全校集會，演員領劇本時，我又湊了過去對老師說：「今年可以讓我負責後臺嗎？可以給我一本劇本嗎？」老師說：「我現在沒有多的劇本」。學校選修興趣班的時候，我還是湊過去對老師說：「今年可以讓我負責後臺嗎？可以讓我跟著看你們排練嗎？」老師說：「現在還用不到妳」。我又說：「老師，有多的劇本嗎，讓我看看吧」，老師才終於給了我一本劇本，上面寫著我的名字。那一刻我覺得，我等待的時機終於到了。

因為我為自己確認了一個目標，要在高中的最後一年，在後臺做出一番成績，所以我「死皮賴臉」地進入了劇組，又花了好幾個月時間，看劇組排練。當老師忙著排演時，我一個人坐在台下看劇本做筆記。有時老師跟劇組忘記了前一天編排的位置，我會提醒他們。就這樣，我慢慢地增加自己的存在感，到了最後彩排時，我已經成為了那個掛著耳機，在幕後控制一群後臺工作人員的總指揮了。而最讓我感到最自豪的是，身為導演的老師從對講機那頭對我說：「我現在坐在觀眾席裡看表演，舞臺就交給你負責」。那一刻我才真正感覺到，這真的是我們學生自己的舞臺。

我在辯論、茶道活動裡扮演的是參與者，在舞臺劇中是總指揮，而當我面對「30Mins For Youth」活動時，就成了徹頭徹尾的主辦者了。從發 email 給學校老師，寫企劃書，找一起主辦活動的夥伴、合作的慈善機構，在學校宣傳，舉辦活動，後續跟進的工作等等，正所謂不做不知道，一做嚇一跳。要成功的舉辦一次活動，要付出許多午休、課間、放學後、還有週末的時間。因為是自己固執的做出了決定，所以自然就有為了這個決定負責的責任感。

如果我當時僅僅是為了未來申請大學時，搏得面試官或招生官喜歡而刻意去培養某些興趣，在那樣的動機下，產生的行為是很容易被戳穿的，而且就算最後沒有被人發現，但這樣做真的好嗎？所以不以功利為目的，從真正的興趣出發，說不定，一不小心就培養了好幾個面試官們感興趣的愛好呢！

很多時候，我們礙於周圍的視線，忘記了自己是誰，一味的迎合周圍人對我們的期待。就像醜小鴨的故事一樣，明明是一隻美麗的天鵝，卻因為誤解了自己的獨一無二而自卑，劍橋錄取後，我才終於了解，他們想看見，想認識，想了解的是你，一個最真實的你！

特別
收錄

IB 課程的CAS訓練

IB除了學術課程培養孩子在研究學問上和傳統死記硬背不同的探究精神和學術論文撰寫能力之外，並透過CAS課外活動能力訓練，培養孩子的社會能力。

CAS 課外活動能力訓練，指的是訓練創造力 (Creativity,C)、活動力（Activity，A）和服務力（Service，S），這三項能力都是國際教育體系對未來世界公民所要求的基本指標，是一個人在成長過程中需要但被傳統教育體系忽略的，也是未來在移動互聯網和人工智慧快速推動的進程裡，孩子最需要培養的能力。

其中創造力已被所有研究教育和社會學的專家們一致推崇，也是機器人所暫時無法取代人類的能力。它是需要綜合判斷所處環境，結合自身能力所發展出來的一種技能。如何讓孩子在傳統教育模式下發展出不同的思維模式，必須靠有創意的活動去鍛鍊。至於活動力，還記得台灣某私立學校，從小學到高中，每個重要階段都要求孩子要完成登高山、騎車環島、泳渡日月潭等重要鍛鍊。除了學業之外，也鍛鍊了孩子們堅毅不拔的意志力，這種體能鍛鍊與活動策劃的活動力絕對是孩子們在踏入社會後與人生長河裡最需要的基本鍛鍊。至於服務力，是對社會的回饋、對弱勢的幫助，也是健康成熟的世界公民所需要的基本素質。這種服務的精神不牽涉到宗教、政治和國籍，也不應該具有地域的局限性，它應該是放諸四海皆適用的一種利他主義。只有付出，才能得到內心的平靜與安定。

Chapter 2 大步邁向地球村

欣賞孩子的不同

接受孩子的不一樣。以足夠的耐心看孩子跌倒，容許犯錯，尊重她自己要做的每一個選擇與決定。

一如我在多篇文章或分享會中所說，我的兩個女兒有著截然不同的特質。

大J在學習上的成就和她堅持做自己的精神。讓很多家長朋友都認為這是孩子本身的特質使然，父母親不用花太多力氣栽培，她本身就很優秀。但小女兒小J並非這樣的典型，她和許多的女孩一樣，喜歡各種美好的事物，也不太喜歡數學，但我從來不覺得需要找老師來幫她補習，反而以另類角度去欣賞她和姊姊的不一樣。

尊重孩子的個性化發展

我常想，或許因為現在獨生子女家庭居多，家裡沒有個性化對待2個孩子的需要。但是面對鋪天蓋地而來的教育焦慮症，如何不去橫向比較，並尊重孩子的個性化發展，把她當成獨一無二的藝術品看待，依然是我們作為父母的一項重要修煉。以小J來說，她和姊姊一樣都不是完美的，也都有各自的缺點與不足，但我選擇強化她的優點，給她積極正面的能量；缺點與不足，我不是不說，而是採用迂迴且私密的方式面對。這樣，孩子能在自信的空間裡成長。

讓我們從小培養孩子用藝術欣賞的眼光去看待一切，去面對她的人生道路，那麼當孩子在面臨人生的重大選擇時，他能自信的做出正確的判斷，也能走的更遠。

正因為從小瞭解小Ｊ的個性與天賦，覺得應該給她一個更開闊、更加自由的學習環境。所以當她進入小學時，我把姊姊大Ｊ一起轉進了當時沒有什麼知名度的民辦協和雙語學校。主要原因有三點，其一：小Ｊ從小就展現出她活潑好動的性格，這在大Ｊ原來就讀的小學裡是會被壓抑的；其二：即便大Ｊ在一所上海知名的學校就讀，學習成績很好，年年拿獎學金，年年當大隊長（類似班長），但我發覺她並不開心，經常悶悶不樂；其三：我希望姊妹倆能就讀同一所學校，相互照應，累積共同的童年回憶。

就第二點因素來看，相信很多父母不會把大Ｊ轉學，但我對教育的觀念一直不是以成績來看待孩子，當時我覺得大Ｊ如果去到一個更為寬鬆，更具有國際化思維的環境，她能更加自由的學習，也更能展現自己的天賦。就這樣，兩姊妹就開始走在同一條學習的道路上。

鼓勵建立個人風格

應該是承襲我的性格吧！小Ｊ對美食如我一樣有很高的興趣，也善於此道，經常自己動手烹煮她的拿手菜。也會親手做一些手工餅乾和蛋糕。在陽光明媚的週末，她會親自做早餐、擺盤，手捧一本書，窩在陽臺享受週末早晨；也會在我生日的日子下廚，製作圖文並茂的菜單，並寫下她對我的祝福；她也曾經為了感謝同學在生日時給予的祝福，親手製作手工餅乾到學校分享同學老師品嘗，還自己裝袋，並在袋子上寫上每位同學的名字，以示慎重。

這些都是屬於她自己獨特的個人風格，也展現了她細心體貼的一面，如果當初我只告誡她讀書就好，不要搞這些玩意兒，幾年後的現在，我就吃不到她最新嘗試、創意無限的香蕉芒果奶昔了。說不定經過幾年，我們還能看到她的名字出現在米其林大廚的名單上。除了廚藝，小 J 從 9 年級開始選擇參與模擬聯合國（MUN）活動，而不是大 J 擅長的的世界學者盃作為她的課外活動。

模擬聯合國是針對聯合國大會和其它多邊機構的模擬學術活動，是為青年人設計規劃的公民教育活動，注重培養孩子在英文演說、溝通協調、活動組織等各方面的能力，過去 3 年來小 J 做得有聲有色，也樂在其中。她和大 J 一樣，在第一次參與 MUN 的時候也是抱著學習的精神，可想而知也不會有太好的成果，但我並不以為意。第一次活動我雖然人在外地出差，無法送她入營，但回到上海後，我立刻開車趕去參與她的閉營儀式，讓她感受到我的支持。就這樣，她一路從上海的常春藤模聯、臺北耶魯模聯，再到北京哈佛模聯，和海牙模聯，甚至 2015 年 3 月還經過她自己主動申請、面試等一連串考驗，進入了哈佛模聯的組委會，獨自一人飛到北京，從參賽者變成了裁判員。

看重每個人不同的能力

在參加模擬聯合國的期間，每天起早摸黑的工作，作為父親雖然不捨，但為她驕傲。而在自己學校裡面，她更是不遺餘力地擔任小幹部和秘書長，扛起學校模聯的大旗，為學弟妹們發起活動、提攜後進，更無師自通的動手製作學校模聯的網站，除了作為宣傳和招募新人之外，更提供她在外比賽的第一手資訊給學弟妹們。因為她知道，沒有經過良好的培訓與磨練，一旦進到了模聯會場，是無法勝任那些高強度的會議和工作的。凡此種種，都展現出她與姊姊不同的能力，如果我也保持著要求她在學術上要跟姊姊齊頭，不做差異化個性的考慮，我想她也可能走不到今天。

小 J 從小喜歡運動，我跟大家一樣，看出孩子特長就從小送她和姊姊去學游泳，我們找了一位上海老教練，目的很單純就是讓孩子適應水性並調整孩子氣管的問題，也同時強健她們的體魄。到了小學和中學，小 J 陸續參與了學校的田徑隊、觸式橄欖球以及足球隊，令我印象最深的是她參與的觸式橄欖球。球隊的教練是數學老師兼任的，幾次陪同她們在週末清晨到浦東出賽，都能感受到這位老師強調團隊合作而不是比賽名次的氣氛，不論孩子是否出色，他都會讓每位球員輪流上場，也從不責罵孩子，雖然最後都是墊底的名次，但是孩子們都很享受這個過程，這對小 J 產生了巨大的影響，我也不斷跟她強調團隊精神比個人成就來的重要。

而在姊姊高中畢業前往劍橋大學就讀後，她承接了姊姊當初和她一起創辦的「30 Minutes for Youth」活動，同時找了幾位同學幫忙，這是一個結合慈善與公益的跑步活動，連續三年，她們都在學校召集了上百位同學和老師參與，每次募集資金都超過 2 萬人民幣，結合復旦大學的萌基金，幫助雲南偏鄉的孩子上學。她更協助「鋪路石公益組織」，為教育資源匱乏的安徽當地民工子弟學校帶去英語能力培訓課程，並跟她們生活在一起，在離開當地返回上海前，她還擔任發起者和數十位志願者的代表上臺，向當地學校近千位孩子和老師發表感謝詞，在同學傳回的視頻裡她說到：「謝謝老師，是你們給我們這個教書的機會；謝謝同學們，在這幾天裡不但熱情的歡迎我們，還積極的和我們交流和互動。」我想，透過這個有意義的活動，相信她已經感受到「施比受更有福」。

支持孩子的選擇與決定

這些點點滴滴看似與學習無關的社會實踐，不就是一個人離開學校以後所需要的真正能力。她的這些個人特質跟學習成績基本沾不上邊，但我發覺她越長大，越能積極主動地學習。看到她在模擬聯合國用英文主持會議，侃侃而談，很難想像她曾經用中文思維寫英文作文？詞語邏輯錯誤百出？數學也曾經徘徊在及格邊緣嗎？如果我也要求她在學術上要跟姊姊看齊，她今天應該又是另一番模樣。

孩子能不能主動學習的關鍵，可能是我們沒有足夠的耐心看孩子跌倒，不容許他犯錯，處處拿孩子與旁人做比較，幫孩子做了太多原本屬於他自己要做的選擇與決定。作為父母應該做的，可能就是默默的在旁邊為他支持與鼓勵，因為，花終有盛開的一天。

所以**發現了孩子的某種特異獨行的特質，我們不僅不要立刻指責孩子，壓抑孩子，還要去瞭解背後的原因，只要他的行為不會傷害別人，守住基本的價值觀，我們就要盡全力地呵護它。**就像當初如果沒有莫內強調光影，強調隨意創作的風格，就不會有印象派的誕生。

「平行平等」角度

引出孩子心中的渴望和興趣，並加以適時的鼓勵，是我心中真正好的教育模式。

有不少人衡量一所好學校的指標，一是學校的名氣，二是出了幾位申請上名校的畢業生，三是有著多麼新穎的設備。但**我的擇校標準在意的是有沒有一群能跟孩子玩在一起，用「平行平等」的角度，而非「居高臨下」的姿態去看待孩子們的老師。**

我曾經忍著移居上海十多年來從沒遇到過的 2 度低溫，到小 J 的學校觀賞 Wiz（綠野仙蹤）音樂劇演出。即使演出並非如職業劇團般的完美，但這些外籍老師能把一群平均年齡才 15 歲左右的孩子們聚集在一起，讓他們愉快的在三天內，連續演出四場，這樣的強度如果不是有著對教育的熱情，實在很難做到。從孩子們臉上的笑容和投入的狀態，我能感受到他們獲得的喜悅與滿足，不是 100 分的評價所能替代的。

回到教育初心引領孩子

小 J 因為忙著準備和參加 MUN 活動，原本並未參與其中，但當她和姊姊一樣主動申請加入音樂劇的幕後工作，和她的同學們一起並肩作戰時，也忙的不亦樂乎。整個過程中，從服裝道具、音樂舞蹈，都是在老師的策劃下，由孩子們一起完成的。表演結束時，連續幾年擔任總策劃的老師一一向台下的觀眾介紹整個幕後的工作人員和孩子，包括樂隊、道具、燈控、和音，讓每位參與音樂劇的幕前幕後人員都接受現場觀眾的歡呼致意，這就是**教育的真正目的：引出孩子心中的渴望和興趣，並加以適時的支持和鼓勵**，是我心中真正好的教育模式。

在兩位女兒的教育和擇校過程中，我思考的最多的就是「究竟希望孩子成為怎樣的人？」因為不想讓孩子在大環境中隨波逐流，我經常自我審視，審視自己曾經對孩子許下的初心，這也是我的擇校原則裡最不能妥協和抵觸的綱領。大 J 出生的那天，我在自己的手機上寫下了對孩子的希望：平安、健康、快樂。她 12 歲那年，我又增加了一點一希望孩子能具備一定的影響力，能影響到他人。**和很多家長費盡心思想讓孩子進入最知名學校的做法不同的是，我更尊重孩子的意願**，不問自己孩子畢業了能去哪裡？也不與別人家的孩子比較；我就是**鼓勵孩子無論什麼時候都應該充滿自信和前進的動力**。於是，在大 J 經歷了三年異常忙碌的小學學習生涯後，因為不想讓她被太多的功課束縛，不想讓她不開心學習，即使她的成績一直很優秀。我還是毅然決定為女兒重新選擇進到沒有太多功課壓力的上海協和雙語學校。

當時的協和剛剛創立不久，不若現在那麼有名，但我仔細考察之後，覺得協和的教育方法和整體輕鬆的教育環境，是自己欣賞的教育品質。不看分數，不看具體的細節，就意味著**可以適當把底限（名次、成績）放寬，但我覺得底限也必須有個範圍，在學習過程，怎樣發揮所長，享受學習的樂趣，培養獨立思考的能力，逐步成長**

為一個有影響力的人，才是教育中最重要的。

給予空間使其完美綻放

而在為小女兒小J選擇學校時，我花費更多精力。在與孩子溝通後，我發現孩子對自己學習和動力的想法時，就決定應該更好地引導她不斷往前走。小J在高一升高二的時候，離開了協和到了另一所國際學校。但從小學一年級開始，小J在協和接受了學習與人格上的啟發，和鍛鍊出開朗與自信的特質，最終達到了我要求她必須取得新學校獎學金作為轉學的條件。這種看似小氣和嚴苛的要求，正是幫助孩子不斷挑戰自我，突破極限的竅門。我認為教育就應該往人少的地方，因為人多的地方能讓孩子更加優秀的可能性不大。很多家長在教育孩子的過程中都會碰到關卡，不是每一步都能如設定的那樣順暢，如果應對方法不當，或是自己的心態沒有調整好，就容易給孩子造成一定的挫敗感；孩子如果不能承受，考不上就會失去信心。只有自信，才能讓孩子走上另一個人生臺階，如果處理不好，就會產生很大影響。

我常想，可能是自己小時候家教太嚴格、束縛太多，我能深刻感受到當中的痛苦。另一方面，由於自己工作的經歷，透過出差的機會幾乎跑遍全世界，看到太多世界的變化，讓我覺得**尋找孩子的興趣點，並且讓其完美綻放，才是最重要的**；這樣培養出來的孩子，才是獨一無二的藝術品，才能站上人生的制高點，而不僅僅是學習成績的機器而已。

我為孩子選擇學校的初衷其實很簡單，就是想讓孩子有更大的空間發揮自己所長，有更多時間做自己喜歡的事情。雖然兩個孩子的個性不一樣，大女兒嚴謹聰慧，二女兒開朗活潑，但協和的國際化教育體系更多給予的不是學業上的嚴謹，而是引導孩子完美綻放自身特質。兩個孩子在這樣的環境下學習，的確激發出她們身上的特質。

教孩子自我負責態度

在協和高中最後兩年 180 個小時的 CAS 課程要求下，大 J 挑戰自己，成功完成了對創造力，活動力，服務力的要求，為順利進入劍橋打下了基礎。當時，大 J 更連續參加協和「學者世界盃」辯論比賽，以非常流利的英語進行表述，毫不怯場。 小 J 雖然數學成績一般，但我並不苛求她。與其花時間補救她的短處，還不如積極尋找她的優勢。後來，她在協和的模擬聯合國活動中找到自己的位置，在語言能力和領導力方面大放異彩。當然，在協和這樣沒有成績的客觀標準下，家長內心也要足夠強大和坦然，才能面對外界的壓力。因為，父母的作為和心態永遠決定著孩子的未來。

如今大 J 已經是劍橋大學歷史系 2 年級的學生了，選擇劍橋是大 J 高三那年申請大學的時候才做的決定，女兒徵詢我的意見，我把決定權交給她，到了 18 歲應該有能力做判斷，對自己的選擇做出負責任的態度。在申請大學時，大 J 沒有選擇 IB 課程中表現最好的 Business，而是在我們看來並不吃香的歷史。作為父親的我並沒有干涉，和女兒溝通後，我覺得學歷史，並不是只學歷史本身，她能進入劍橋靠的也不是死記硬背的能力，而是一種學習的方法論，一種思辨的歷史觀。我甚至因此更肯定了女兒的想法，因為某些方面，天賦顯得尤為重要。

家長對孩子的教育，就要善於發現孩子身上的優勢，並且進行引導。「初二的時候讀印度歷史，女兒的一份 report 得了 A ＋＋，老師認為她寫的文章的觀念連老師自己都達不到」，我很清楚地記得她總結了一句話：「印度民主獨立的進程就像一塊拼圖，甘地不過是把拼圖拼完的那個人」。回想當時，大 J 的思考領域已經跟其他孩子很不一樣。而且儘管劍橋的學業非常忙碌，大 J 還能堅持每個禮拜去劍橋的舞台劇社團報到，甚至當起了製片，劍橋的環境就像是一片沃土，讓她身上的特質完整呈現，這也讓我感到很欣慰，覺得這所學校真是選對了！所以適才適所才是現在教育觀念裡最重要的。

主動爭取

試著做自己，用自己的智慧去判斷，去努力。就算失敗了，也是人生的一個寶貴經驗。

自從大 J 離開上海前往劍橋大學就讀之後，我隱約能夠感覺到小 J 似乎有些落寞。畢竟她從小都跟在姊姊身旁，多少會有種安全感。連姊姊的許多大小活動，她也都有機會跟在旁邊學習與觀摩。隨著上海對國際化教育的需求日益增長，原本就讀的學校人數跟著爆炸性成長，加上學費也隨之水漲船高。2015 年年底小 J 就跟我們提出了轉學到另一所上海國際學校的想法。

善用智慧判斷　遭遇失敗也不後悔

這所來自英國，在 1859 年由當時的維多利亞女王為了紀念在英法戰爭時期打敗拿破崙的惠靈頓將軍所成立的學校擁有超過百年的悠久歷史，在大 J 12 年級時也曾經隨當時就讀學校的足球隊到訪過這所學校，並參加足球賽。當時我就對這所學校的設施留下深刻的印象，但從沒想過小 J 會有如此轉變與轉學想法。因為對我的家庭條件而言，10 年來，讓 2 個孩子就讀一所民辦的雙語學校已經是所費不貲，更何況是國際學校。所幸 2 個孩子都很爭氣，靠著自己的努力，幾乎都能憑獎學金而降低了很大一筆開銷。所以我對小 J 只有一個要求，那就是如果能夠爭取到獎學金，整體費用不超過原來就讀的雙語學校，我就同意讓她轉學。

對我而言，這跟當時大 J 要申請劍橋大學時一樣，我就是抱持著對孩子充分信任的態度，也相信她會全力以赴。而且當時正是小 J 的 IGCSE（劍橋國際課程考試，相當於中國的高中聯考）大考期間，既要遞交轉學申請，也要忙於整整將近一個月的考試，這個壓力不是一般孩子所能承受的。如果我用傳統的觀念去看待這件事，一定不會讓她去做這個嘗試的，但有了多年來跟孩子一起成長的經驗與判斷，也跟她充分溝通後，我願意讓她做自己，**讓孩子用自己的智慧去判斷，去努力。就算失敗了，也是人生的一個寶貴經驗。**

在大考期間，我帶她拜訪這所學校的招生辦公室主任，一位來自英國，衣著打扮優雅、談吐舉止大方，也非常熱誠的 R 女士。在她的帶領下，我陪著孩子走完整個校區後，更加堅定我讓孩子就讀這所學校的意念。當然部分原因也是因為這所學校剛在上海成立 2 年，急需要招收像小 J 這樣積極，主動又樂觀的孩子。這所學校的氛圍和老師的熱忱，一如 10 年前我去參觀協和雙語學校一樣，充滿了朝氣和活力。回家後，小 J 立刻填寫申請書，原本我以為數學並不好的她，會在這一考試環節中遭遇很大的挑戰，但是事後孩子告訴我，校方更看重的是解答的過程和思路，以及申請者本身除了學業能力以外的氣質，並不會因為答案的些許偏差就把你擋在門外。這也是我在兩個孩子面臨重大轉折，並可能突破自我時一個重要的考量，那就是充分的溝通，完全的尊重，並設置相應的要求，最後全力的支持。家長只要做好這幾點，孩子就能在一個又一個機會來臨時，願意面對，勇於挑戰，並建立自信！

離開舒適圈帶著勇氣闖蕩

當然面試過程最重要的是看孩子臨場的應對，以及面對大場面時的表達能力，這一點我對小J深具信心。果不其然在面試後不到一週的時間，就收到學校的錄取通知，而且還是以該學校特殊名義的獎學金錄取了她。還記得收到通知書的當天早上，我正在上海的一家美術館進行拜訪，還臨時離席接了這通由學校招生官親自打來的電話。幾乎在同時，人在家裡準備考試的小J也收到了通知。我還能清楚地記得她當時興奮尖叫的狀態，絕不亞於當初大J接到劍橋大學錄取通知的情景。對於從小活蹦亂跳，鬼靈精怪的小J來說，這是一個極大的蛻變，對我們全家而言更是另一個重要的里程碑。

我對孩子的教育一直有個不一樣的看法，那就是小學盡量讓孩子去玩，到了中學她們自然會慢慢開竅，知道自己要開始踩踏油門迎頭趕上，而高中時期則是考驗父母放手是否願意讓孩子去衝刺的時候，只要適時地跟他們討論未來的大方向即可；如此一來，孩子到了大學，才會自主的學習。對我而言，孩子的成長是一個緩慢加速的過程。就像剛買來的車子，都需要經過一段時間的磨合，但需要定期地觀察，定期的保養，後期才能跑的平穩跑得長遠！

小J這個小小的成就，不只作為父親的我很高興，對她自己有很大的鼓舞作用；連人在劍橋大學，難得對這樣的事件發表評論的大J，都主動在自己的社交媒體上發表一篇英文的祝福語，給予妹妹莫大的鼓勵：「Extremely proud of my kid sister who has yet again proved that she has grown to become much more than a kid in the past few months.」她認為妹妹在她離開上海去劍橋讀書這段時間裡，成熟許多，小 J 也用這個小小的成就告訴所有人她願意主動離開自己已經待了十年的舒適圈去闖蕩，去奮鬥；這需要極大的勇氣，也同時給了妹妹最大的祝福！

這件事對孩子最後的高中 2 年不僅具有極大的意義，也讓我有了很大的反思。只要對孩子的想法不排斥，在旁邊適當的引導與協助，只要守住底線加上大方向的把握。孩子一定能在關鍵時刻給你一個最大的驚喜。這也再度證明：

相信，夢想就能成真！因為，只要出發，就會到達！

給小J的一封信——轉學惠靈頓

Dear 小J,

首先要恭喜妳，在那麼艱難的競爭下拿到了獎學金，也即將在8月底進入上惠靈頓國際學校就讀。我跟妳一樣喜歡這個學校的氛圍，很Private的感覺。相信妳在這裡度過高中的最後2年會很開心、很有成就感。學校擁有非常豐富的資源，但要記得主動努力去爭取機會，盡量參與活動。

但妳也必須牢記，沒有完美的學校，就像沒有完美的人一樣。最重要的還是妳的學習方法、妳的做人態度、你的積極精神，做好了這三點，不管到哪裡，妳都能得到好的發展。

爸爸對妳接下來的2年，有幾點期許和希望：

1. 堅持中文的口語寫作和大量閱讀，就從這個暑假開始，讀經典，讀中文。
2. 減少瑣碎的時間，專注幾件重要的事—閱讀、體育、寫作、做公益。
3. 每週向爸爸媽媽彙報學校學習與生活近況，因為我們對惠靈頓並不像協和那麼熟悉。
4. 對於協和永遠心存感激，那是過去10年培育妳成長的地方，也是妳一輩子到哪裡都要銘記的觀念！
5. 因為惠靈頓位置偏僻，隨時注意自身安全，尤其是妳在校住宿期間，要保證就寢前讓我們知道，因為安全永遠不能妥協的。

6. 懂得感恩，任何人的成就離不開身旁所有人的幫助，就像爸爸在震旦的開幕式致辭的內容一樣！
7. 永遠不要自滿，謙卑和低調才能讓你走得更遠；隨時注意態度，內斂的人才能獲得尊重，並走得長遠。
8. 只有先付出，才會有收穫！做任何事情，不求回報的默默付出，或許短期沒有任何收益，沒有任何掌聲，但至少我們心安理得！

妳必須非常努力的學習，不可驕傲，不能犯錯。才能繼續拿到獎學金。也謝謝妳過去幾天，跟著我一起陪伴藝術探索營的家庭。家長們對妳的評價也很高！

對於妳今年放暑假以後的日子，我也想跟妳分享我的幾點看法：

1. 我從不反對妳使用手機，使用社交媒體去瞭解世界和朋友交流，可是它不應該是你的全部。爸爸也會用，甚至比你用得還頻繁，我也會有自己的交友圈子。但更大一部分是因為我的工作需要透過這個工具和外界交流，去和藝術機構藝術家及收藏家談工作。

2. 目前距離妳申請大學已經剩下不到一年，我覺得妳要好好思考，也要規劃下一步，甚至需要和我、和姊姊溝通討論。或許妳已經有想法，但是我並不知道。爸爸不會逼妳去補習，讓妳去死讀書。可是正如我常常跟妳提到的，只有充實自己，申請學校時，妳才能擁有更大的選擇權利。否則就等著大學來挑選你。

3. 爸爸必須告訴妳一個殘酷的現實。姊姊就讀劍橋大學3年，爸爸和媽媽準備了一筆錢給她，包含所有的學費、食宿和零花錢。我們會根據通貨膨脹係數，適當的給妳調整一點，但無法全部滿足妳想上任何學校的要求。美國私立大學一年的學費比英國要高得多，而且還是四年。這就意味著，妳如果捨棄了英國、加拿大（費用都比美國低），加上美國大城市的生活成本更高，想進美國的大學妳都必須有獎學金，爸爸媽媽才能供得起。

4. 妳必須要有自己獨特的亮點，這包括必要的組織策劃活動能力，在校成績，ACT、托福，爭取獎學金才有機會，也更有主動權去選擇你心儀的學校。我預估刷微信、看電影、睡懶覺的人，比較難滿足校方對獎學金申請者的重視。

5. 昨天爸爸很高興聽到妳對自己有比較清晰的目標，包括特定的大學，包括專業方向，因為這是妳自己的未來，跟別人無關，除了學校，除了專業，在未來的這段時間，你應該還有更多的候選學校或專業，做出你最大的努力，最終做決定即可。

爸爸曾經說過，如果妳覺得開心，即使當個餐廳服務員，能夠養活妳自己，我也會尊重妳。但我覺得妳的目標肯定不止於此，以妳的個性與能力，我相信也不會太差！這就要求妳在未來的時間裡，要做一些讓妳自己更加發光發亮的事。才有可能在競爭激烈的環境中脫穎而出。我們都會為妳加油！

Dad

當仁不讓奪頭彩

勇敢走出舒適圈，又能夠當仁不讓，自信表達自己，才能真正的長大，也真的能逐漸展翅高飛，並翱翔天際之間。

「明知不可為而為之」，是我對小 J 最佩服的地方。

轉學之後，我能清楚感受到小 J 越來越融入這個大環境。到新學校僅僅一個月，就經過自己努力當選為所屬 Head of House。英國學校有個傳統，不分年齡將孩子們分成幾個不同的 house 成員，透過跨年級的編組，幫助他們在活動組織與學習上有打破年齡界限的可能，讓低年級的孩子有向高年級孩子學習的機會。一般人印象裡，當選類似隊長或者學生會主席之類的職務，成績必須到達一定水準，我知道小 J 的功課表現並不特別突出，她的學業成績在一般人的傳統觀念裡，或者應該說在傳統體制教育裡，是不可能有機會去競選這個職務，更別說當選。

善用因材施教引導看重自我

在一次週末假期的早午餐時間，她媽媽隨口請她分享一下從申請到當選的過程時，她說首先要寫一封申請信，經過審核通過後再安排面試；接著媽媽又問，老師問了妳什麼問題呢？她說老師問她在申請資料裡寫到前年（2015）參加鋪路石機構的安徽活動結束時，代表全體成員向當地學校 1000 多名師生致辭的經驗。這讓我想起了當時同學以手機拍攝並傳回給我們小 J 的現場致詞畫面，跟我當初看到姊姊大 J 在辯論賽的場景一樣，幾乎不能想像那是我的女兒。

論在校資歷，她才剛剛轉進來一個月，算是菜鳥一個；論學業成績，她可能也是這些對手裡最不出色的；論人緣，估計認識她的人也最少。但就是憑藉著一份初生之犢不畏虎的精神，和過去幾年和學業成績無關的一些經歷，訓練了她的膽識，鍛鍊了她的口才，我認為這是她能在眾多競爭者中脫穎而出的重要關鍵之一，也讓她得以在其他條件並不出彩的情況下贏得老師的青睞。

就像我一直告訴她的，不管姊姊如何優秀，我都不會以姊姊的標準來看待她。因為每個人都不一樣，每個人在學校在社會上都有用處。只要清楚地認識自己，都能在社會上找到自己的位置。在國際化的教育體系裡，成績固然重要，但是能勇敢走出舒適區，又能夠當仁不讓，自信表達自己，可能是她們更為看重的特質吧。

而前幾個星期，Jessica 又告訴我，她被告知獲選為明年度代表全校近千名學生的學生會主席。她也計畫在今年 10 月份，第三屆的學校教育節上舉辦 TEDx 大會，探討的議題她還沒最後決定，但相信一定精彩可期。

貢獻所長助人　人生開出希望花朵

付出，不是為了收穫，但在孩子成長過程中學會貢獻自己所長去幫助他人，在未來的人生道路上總會開出希望的花朵。這雖然不是一件可以稱得上光宗耀祖的大事，但所有成就大事者，哪一個不是一點一點的積累而成？剛轉到新學校，何況還是一所超過百年歷史的英國學校，對一個來自臺灣的高一孩子來說，光適應學習壓力和人文環境都已經不是件容易的事，更何況是主動去申請、並勇敢的應對面試環節，最終脫穎而出，爭取到這個得來不易的職務。

被過度干預功課與學習成績的孩子，通常不會有太好的表現結果；父母把家事都做完，孩子的自我生活能力也一定很差。**大自然賦予萬物，包括人類自我學習的能力，自然生長的條件；如果作為父母的我們任意剝奪這些條件因素，孩子們的生長必然扭曲。**扭曲成四肢簡單腦袋發達，或者就是壓抑自己學習興趣去迎合父母和學校要求，導致心理出現問題。我相信這都是身為家長所不樂見的。

所以這幾年來我越來越覺得**隨著孩子年紀漸大，做父母的只有適當的往後退，退到讓孩子覺得自在的距離，並真實面對自己已經不能再像以前那樣事必躬親的面對孩子的事實，你的孩子才能真正的長大，才能和你繼續保持正常的互動，也真的能逐漸展翅高飛，並翱翔於天際。**我們都應該理解，森林裡那些矗立百年的大樹從來不是刻意保護出來的，而溫室裡的花朵再美，生命週期卻都非常短暫。做父母的對待這個大自然的自然規律，所能做的就是把森林劃成保護區，配備巡山員，如果是美麗的花朵，也需要時不時的拿到太陽底下去吸收天地之氣。經年累月下來，你的孩子才能面對外界的風吹雨淋，依然能夠成長茁壯。

模擬聯合國（MUN）

MUN是屬於學生的國際化舞台，可以打造全球視野，提升國際觀與國際社會接軌，期望未來順利進入高競爭壓力的環球舞台，為社會盡心力。

2016 年 12 月下旬一個週末的晚上，我在客廳看書，小女兒小 J 突然從房間衝出來，用略帶顫抖的聲音激動的告訴我和太太，暑假她在臺灣時，上網申請參與 2016 年 3 月在北京舉行的哈佛大學模擬聯合國[1]大會中國會議（HMUN CHINA）的志願工作得到回覆，需要在一個月後接受來自美國哈佛大學的越洋面試。她有點興奮也略顯緊張，除了通知學校負責 MUN 活動的老師諮詢相關問題，自己也很努力的準備資料，為的就是順利完成面試，獲得這個難得的機會。我還是一如既往的給她一個擁抱，淡定的告訴她，妳沒問題的。

參與國際活動拓展視野

面試那天晚上，她早早梳洗並且穿著適當的衣著，**除了表示尊重對方，也讓對方感受到自己很重視這個機會**。晚上 11 點，一位新加坡籍的哈佛學生依約從美國用 Skype 打來，花了大約 20 分鐘進行一場跨國面試；原以為是場視訊會議，結果僅是語音通話，事後我們猜測或許對方也很狼狽吧。他們在面試的過程中，還提到了小 J 提交申請時寫的關於苗栗與希臘都發生過政府的財政困難，也提到國際貨幣基金組織（International Monetary Fund，簡稱 IMF）這樣的組織如何協助解決類似的政府財政危機問題。真是令我刮目相看。雖然感覺她還是有點緊張，但是從她回答對方問題時，以流利的英文侃侃而談散發出的熱情，我能感覺到她已經具備參與這個活動的能力與自信。

完成面試之後我一直在想，以她過去兩年征戰各地參與各種大小規模 MUN 活動，還在校內負責協助後輩，並安排多次培訓的經歷，我相信她一定能夠勝任。果不其然，幾天後小 J 收到回覆郵件，她告訴我對方在郵件中說明，她的面試在競爭非常激烈的情況下脫穎而出，獲得了 2016 年 3 月哈佛大學模擬聯合國北京站 Assistant Director 的志願工作機會。因為這是哈佛大學一年一次在中國舉辦的大型活動，2015 年在北京舉辦時，吸引超過 1000 位來自全球各地的高中生代表，我也可以想見爭取到這個實習機會有多麼的不容易。她此行參與的組織是國際奧林匹克委員會，她們團隊穿越時空到 2017 年，地點是智利首都利馬，目的是選拔 2024 年奧運會的主辦城市。

審時度勢學習達成目標

小 J 從國二開始，持續參與模擬聯合國的活動，歷經上海、臺北、北京各站，以及校內各種大大小小的活動；也曾分別代表海地、古巴、俄羅斯等不同國家的身分，爭取各自國家的權益。參與這樣的活動，沒有什麼名次之分，主要是鍛鍊她的溝通協調與辯論能力，在衡量多方局勢與自己所在國家的實力之後，提出最佳方案，為自己所代表的組織去爭取最大的權益。**未來的世界越來越詭譎多端，如何審時度勢，調度資源，適當的妥協，最終達成共贏的目標，可能是現在的孩子最需要學習的能力。**

2015年3月份哈佛大學模擬聯合國大會中國會議在北京展開，這是小J第一次隨學校的參賽隊伍出發。小J搭機飛往北京奮戰五天之後，回到上海。HMUN的會議行程緊湊，每一天休息不到6小時，全場禁用手機，參與者和來自全球各地不同國家的中學生代表，在三天中開了8場馬拉松會議，就多項不同議題的目標展開激烈討論。這是一場來自全球各地高中生的千人大會，也是一個很能鍛鍊孩子們開拓國際視野、激發學習潛能、鍛鍊領袖才能、培養溝通與合作能力的一種全方位訓練。

這次，小J加入模擬選拔2024年奧運城市主辦權的委員會，也是數十位Assistant Director裡面年紀最小的，但是卻依然受到重用。其中一場會議，Director讓她挑梁主持，第一次在這麼重要的場合擔任會議主席，看到她主持會議的照片，剎那間讓我有種吾家有女初長成的感覺。她還說遇到了幾位來自臺灣的學生，但是因為搶著與她合照要簽名的人太多，一陣混亂中忘了問他們來自哪所學校了。為了感謝她的努力和協助，Director也送給她一個印有哈佛大學校徽的馬克杯作為紀念；她自己則是延續去年第一次參賽的習慣，為自己買了一件哈佛大學運動T恤作為紀念。看到孩子們都能夠自發地為自己的興趣而全心投入，還有什麼比這個精神讓做父親的我更高興的？相信透過這幾天的活動，她的視野更開闊，交到更多朋友，也學到更多與其他團體互助合作的重要性。

學會主動爭朝夢想邁進

此外，從參與 MUN 活動，我看到小 J 學會「主動爭取」，這是現在的孩子很需要的一種態度。她曾經為了在學校內部的 MUN 活動中讓自己擔任重要角色，主動爭取僅有的三席的 Secretary General 職務，首先必須要擬一份演講稿，然後在學校午休時間面對所有參與的 9 ～ 11 年級同學發表簡短演說，爭取票數，彷若選舉拉票。那時她下課回家就會努力寫稿子，並且不斷尋求姊姊的幫助說明修改內容，晚上還在我面前模擬練習，希望家人給她一些建議。票選當天中午，就接到她發來訊息告知當選，值得大家為她的努力精神按讚。

有沒有被選上，其實我並不是很在意。我重視的是，她從前一年開始因為 MUN 的活動付出了大量時間去閱讀、去準備、去組織，也為了更上層樓，主動爭取這個多數競爭者比她年齡更大的孩子們的職務，這樣的過程會讓她更有自信，去面對未來的大賽與挑戰。因為場面看多了，自然無懼。跟姊姊比起來，小 J 的發展更全面，運動、廚藝已不在話下，現在**隨著參與一次又一次的 MUN 活動，她也學習到更多人與人之間的互動，以及從中學習到世界局勢的瞬息萬變，要靠各國相互間的折衝協調，以及換位思考，才能為自己代表的國家或地區爭取更多的權益。**

當初報名 MUN 作為自己的 ECA(課外活動) 選項時，姊姊就告訴她，要參加就要做到最好，並堅持到底，不能半途而廢，看來她聽進去了，也真的很拚。相信經過未來幾年的磨練，她能更有自信，也找到自己的興趣與方向。從不知道什麼叫模擬聯合國，到現在加入全中國規模最大的哈佛模聯組委會，成為 Assistant Director。當年的小蘿蔔頭已經蛻變成自信主動、有組織協調能力、願意承擔國際事務與責任的大孩子了，再度應驗了姊姊那句經典又富有哲理的話：「**孩子真的會成為你覺得的她是什麼樣的人**」，加油吧！小 J。

1.模擬聯合國（Model United Nations，縮寫MUN）是一種學術性質活動，藉仿效精簡後的聯合國會議規定舉行模擬會議，使與會者瞭解多邊外交的過程，培養分析公民議題的能力，促進世界各地學生的交流，增進演講和辯論能力，提高組織、策劃、管理、研究和寫作、解決衝突、求同存異的能力，訓練批判性思考、團隊精神和領導才能，同時認識不同文化，拓展國際視野，瞭解各國在歷史上或現實中的立場與處境。模擬聯合國活動廣泛開展於世界各地的中學生和大學生間，每年全球都會舉辦數十場國際性的模擬聯合國會議，參與人數超過四百萬人。

給第三次參加MUN活動的小J

Dear 小J，

這是妳第三次參加 MUN 活動了，從第一次開始，我就發現妳對這項活動表現出高度的興趣，並全心投入其中。這是一個很好的開始，也讓妳能利用這個機會找出自己未來真正的愛好與興趣。

爸爸知道妳很努力，也知道妳試圖在姊姊的光環下找出屬於妳自己的定位與方向。我一直相信，妳會走出一條屬於自己的路。從妳們小時候開始，我一直有個想法，那就是只要妳們真誠的面對自己的人生，哪怕不能考試名列前茅，成績不能出類拔萃，這世界上也沒有人能取代妳們在我心目中的地位。

姊姊在 Shanghai Daily 發表的那篇面試建議的文章中也指出了：進大學是為了學習那些我們不知道的知識，而不是成為一個無所不知的人；在錯誤面前，勇於承認自己的不完美，但不要忘記運用自己的其他長處。這表示任何人都不是完美的，但永遠記住，保持謙卑的態度，找出自己的不足，然後每天進步一點點，我們就會發現今天的自己比昨天的自己更優秀，一直在進步。

即使姊姊能夠前往劍橋面試，還是有很多她不知道的。所以妳現在的成績不理想，爸爸不會責怪妳；但有一點我很堅持的，就是妳的「虛心受教」精神。姊姊受人尊重的不只是她的學習成績，更難能可貴的是她始終保持一種內斂的信念與力量，平常不會到處嚷嚷，但該出手時一定一鳴驚人。碰到不喜歡的人，她也一般不顯山露水，一定先放在心裡，這一點連我都做不到，但卻是她能贏得別人尊重很重要的原因。因為，誰都有主觀的看法，誰都有情緒，但是先調整自己，甚至讚美別人，才能贏得別人的尊重！不是有句話說「贈人玫瑰，手留餘香嗎？」更何況讚美是沒有任何成本的，也是回報最大的一件事！

妳現在能做的就是找出問題，然後一點一滴的努力趕上。只要妳願意，就可以一步一步的向前進。我們可以選擇抱怨，抱怨老師不好，抱怨時間不夠，抱怨學校選了這個老師。但這一切都不會改變現在的狀況，和已經發生的事實。我們能做的就是，尋找改變現狀的方法。老師教不好，老師換不掉，妳可以多問姊姊，自己找學長輔導，和姊姊去找老師討論提升閱讀的方向，複習功課的方法。

把自己練就成一個主動學習的人生，別人才會看得起妳。這幾天我很高興看到妳正在改變自己，只要繼續保持謙卑的心，虛心接受別人的指導與建議，進而作出調整，並努力堅持下去，相信妳也會出類拔萃的！

玩社交媒體不是不可以，但那僅是一個交流工具，誰都會。但絕對不會讓妳變成一個智者，更不會讓妳變得更優秀！智者是需要透過大量的閱讀，深入的思考，我和姊姊上週去家長會時，妳的英文老師也建議你們多閱讀！多讀好書才是讓妳比別人更突出，更優秀的途徑。保持良好的閱讀習慣，才能讓妳觸類旁通。把大量的時間流連在大量片段資訊的社交媒體裡，只會讓我們思考不能集中，時間變得支離破碎，然後把我們變得更加平庸，跟任何人都沒什麼兩樣。

我曾經買了一本書《跟 TED 學表達，讓世界記住你》，裡面有些議題很有意思，我也因此上網看了一些 TED 演講。建議妳可以多看看 TED 上面的演講，找一些有趣的題目來聽，從裡面應該可以學到很多表達的方式，例如用生動的故事、有趣的比喻來吸引聽眾的注意力。因為這些人都是在各行各業非常優秀的，聽他們的演說，應該會對妳在 MUN 上的發言有點幫助。

最後我用我在《記得你是誰：哈佛的最後一堂課》這本書裡看到的一段話送給妳，也提醒我自己，作為這封郵件的結語。打動人心的秘訣：開口說話前，務必記得先聆聽；唯有先細心感受聽眾的需要，妳才能打動人心。

Dad，
With Love～

不求跑得快但願看得遠

參加或主辦國際交流活動，用更包容的心理解不同背景的人，以更寬廣的視野看世界、看未來。

那是 2014 年的 10 月，未滿 14 足歲的小 J 來到了距離復旦大學管理學院不到一公里的皇冠假日酒店裡，參加了她人生第一次的模擬聯合國活動（Model United Nation，簡稱 MUN），在四天三夜的活動中，作為在冷戰時期與美國交惡的古巴代表，從此開啟了她認識世界的另一扇窗，也給了她一個學校課堂無法取代的學習經驗。

這是她的第一次 MUN 活動，我因為出差回臺灣，只能趕上參加閉幕式並接她回家。到飯店時，一下子差點找不到自己的孩子，小 J 身著套裝，拉著一個行李箱，手上還抱著厚厚一疊 MUN 活動的資料，和同學以流利的英文交談著這幾天活動的經過。帶隊老師特別過來跟我說她表現的非常優異。看到她神采飛揚，滔滔不絕的講述這四天在各大小會議的激烈討論，也學習到很多冷戰時期的歷史與各國的角力，神情模樣讓我非常驚艷。

我可以說自己很幸運的在 1997 年舉家西遷，不是我們不愛臺灣，純粹是隨著工作遷移。看到臺灣現下教育的氛圍，再對比孩子們的學習重點與周遭競爭的氛圍，讓人不勝唏嘘，也無比感激這上天安排的一切。面對孩子學習的龐大學費，我們一直抱持戰戰兢兢的心態努力賺取、支應。但我和太太都毫不後悔，因為教育無關乎投資報酬率。既然帶她們來到這個世界，就有義務全心全意栽培她們做一個有用的人。

這也無關乎她們是否能賺大錢，做大生意。而是**希望她們能成為有思想、有獨立判斷能力、有世界觀的人。進而能發揮她們各自的影響力，去正面影響周遭的人。**我真的從沒想過生男生女的問題，家人也從沒給過這方面的壓力，十多年下來，反而覺得越來越開心，有這兩個這麼爭氣又努力的寶貝女兒。

接到參加四天三夜 MUN 活動的小 J，看到姊妹倆相互討論著全球各國、各種族在冷戰時期的對立，共產與民主國家的思考模式，我想，她們越來越清楚自己要什麼，也**透過學校安排的一些國際性活動以及姊妹倆自主發起的校內活動、校際交流，用更包容的心去理解不同背景的人，也藉此站上更高的舞臺、以更寬廣的視野看世界、看未來。**我相信，她們已逐漸掌握好了自己的方向盤，駛向雖然未知，但美好的未來

因為這次比賽經驗的累積，小 J 在學校和幾位學長發起創立校內的 MUN 社團，犧牲自己的假期協助訓練學弟妹們認識這個有意義的活動，後來還擔任這個社團的秘書長；還在接下來的 2 年裡，陸續參與了耶魯大學 MUN 在臺北的活動，拿下了學校在這次比賽唯一的個人獎項，也協助學校得到團體獎。

因為如此她越做越起勁，在後來的北京哈佛 MUN，上海的海牙 MUN 都擔任重要的角色。也逐漸的增強她的信心。

而在參加耶魯大學 MUN 在臺北會議前往臺灣之旅途中發生了

一件意外事件，讓我對她更加刮目相看。在入境臺灣海關時，因為一位新加坡籍同學的護照發生問題，導致無法順利通關，兩位帶隊的外籍老師也因語言和身份問題而束手無策。那時才剛滿 14 歲的她，自告奮勇出面跟海關跟機場駐警協調溝通，並提出擔保才讓大隊人馬順利入境，不致延誤接下來的行程。還在入境後幫助大家尋找機場巴士和捷運的轉搭，一路奔波抵達入住的飯店，相信這些舉動對臺灣的國民外交也產生了些貢獻。這件事的經驗再次提醒我，讓孩子在安全無虞的情況下走出保護傘，是幫助他們成長的重要關鍵，也能讓孩子學到自信與助人，這絕不是拿幾個獎牌能取代的。這 10 多年帶著孩子飛行兩岸，終於讓我覺得值得了。

經過有驚無險的事件，抵達臺北後展開三天兩夜的會議，小 J 告訴我，臺灣參賽的中學生也都很優秀，例如建中，美國學校等高中，她也因此認識了一些朋友。相信他們此行一定收穫滿滿，不止是對自己溝通能力的增長，還有眼界的開闊、對遙遠國度的瞭解，和世界局勢的正確判斷。

Chapter 3 那些女兒們教我的**人生課堂**

陪伴是我給孩子最好的愛

只要陪伴在孩子身旁，慢慢的，爸爸媽媽的一舉一動就會潛移默化地影響她們，也讓他們感受到父母的愛。

關於和孩子相處，其實我還有一個小小的經驗可以分享。那就是：用文字記錄孩子成長過程中的任何關鍵轉捩點。透過文字的記錄（比如日記），你可以靜下心來重新思考，和孩子一起成長過程的點點滴滴，哪些是你的初心？哪些又只是激情使然？我曾經把我和女兒相處的點滴記錄下來分享給朋友們，大家都很驚訝於我的細心。其實，從她們哇哇落地之後，我就天天幫還在襁褓中的她們洗澡；長大之後的每一次運動會、家長會和畢業典禮，我只要不出差，一定一次不落的參加。因為**我相信，陪伴是父母給予孩子最好的愛。**

父親陪伴孩子培養價值感

在中國大部分的家庭中，父親角色經常是隱形的存在。但是，在養育孩子的過程中，父親的角色其實是母親無法完全取代的。我很喜歡的一本書，《愛的藝術》裡面提到，**「父親是教育孩子，向孩子指出通往世界之路的人。」。母親包容的愛能給孩子安全感和自信，而父親則是培養孩子價值觀的重要角色**，我們從很多實例裡發現，有自我想法，和宏觀思維的孩子，父親通常陪伴孩子的時間相對較多。

我常常分享，我的教育方式是「用心，不用力。」我相信只要陪伴在孩子身旁，慢慢的，我的一舉一動就會潛移默化地影響她們。2014 年我推掉一部分的工作，陪伴著我的大女兒大 J 走過申請大學的重要階段。現在回想，我都覺得慶幸，這對於我們父女倆都是非常珍貴的回憶。早在她 2014 年 10 月初次向劍橋大學遞交入學申請時，我就上網找了可能航班、住宿酒店，把一切目標鎖定後，等待一收到面試通知，立刻整裝出發，因為我一直相信她會收到面試通知的，這也是進劍橋的第一關。

大 J 告訴我，除了劍橋大學，她還想去幾所給了她錄取通知的大學走一趟，對於一個鼓勵以旅遊看世界的我來說，這也不是太大的問題。她負責聯繫這些學校的招生人員，給我一個大致的日期，然後我們根據這些資訊，一起商量航班、討論火車班次，一起研究怎麼預定酒店。

出發前，我無意間發現一張大 J 大約三歲的照片，那是我最最滿意的作品。看著看著，思緒也瞬間重回 10 多年前在北京的那段日子。她小的時候，太太刻意在房間幫她準備一個讀書角，小小的，但很溫馨。我們在那幾年東奔西跑的航行記憶裡，行李箱內最多的就是孩子們的書。沒想到最後她真成了一個喜歡做學問的大孩子，不枉我當了這麼多年的挑夫與書僮。一本喜歡的書在手，足以讓她廢寢忘食，時而專注入戲，時而莞爾一笑，好像時間應該為她停留。

立下偉大夢想閃耀達標

大 J 從不需要我在旁邊督促功課，我能做的就是像個朋友一樣，和她對談、與她溝通，把她在學校與成長過程中的點點滴滴記錄下來。知道她喜歡安安靜靜的做學問，也知道她挺會讀書。但發現她有這個偉大夢想，還是在 2014 年暑假回臺灣之前。有天走到書桌前看看她，發現她正在上網看世界大學排名，而且只看前五十的，當時還沒特別感覺，直到日子一天一天過去，她依然照著自己的腳步一步一步前進，我才意識到這孩子真的不得了。

2014 年 10 月她早早的寄出申請，雖然競爭者眾多，要收到面試通知並不容易，但我深信我們一定會來到劍橋大學與世界頂級高手過招，因為，她是我的女兒。當然知道劍橋大學的面試不容易，但此時此刻，結果已不重要，因為她已證明了自己的閃耀，而最後的關鍵，只是氣場是否相投。

飛機抵達倫敦時接近中午，經過輾轉換乘幾趟火車，我們順利抵達了劍橋，12 月天的劍橋不到四點就天黑了。雖然早有耳聞，但劍橋火車站的小和寧靜，還是讓人無法忽視。大 J 從小就節儉，從不亂花錢，下了火車她也告訴我搭乘公車就可以。雖然從上海的家裡出發一路奔波已經將近 24 小時，我曾想過叫輛計程車，但還是尊重孩子的意見，跟她拉著行李擠上公車。2 個人慢慢晃悠的一路靠著我事先留存的地圖和導航，找到了我們預定的酒店。

這是一家由中國人經營的 B&B 酒店，樓下是餐廳，樓上幾個房間則是用來作為出租客房，雖然簡單，我卻把它看成是她即將登頂前的基地營。此行陪伴她一起來到這裡，目的不是監督，更不為一路嘮叨，只是單純的希望讓她不要有後顧之憂，放鬆心情，以最自然的方式與心態去面對明天 2 場世界級的挑戰。整個路程，我更多的是跟她天南地北的聊，讓她放鬆心情，而不是一直盯著她看書、談面試的問題。因為我知道，到了這個節骨眼，再多的叮嚀，都比不上她內心的從容。

堅持初心不為名校改變孩子

多年前我報考復旦 EMBA 時也曾有過擔心，但一位前輩告訴我，沒錄取我，是他們沒眼光。我也用這樣的方式告訴她保持平常心、用健康的心態去面對，相信一切都是上天最好的安排。大 J 的發展非常平均，但偏愛文科，喜歡用辯證式思維看待身邊的大小事，絕不盲目的崇拜或跟隨流行起伏。面對數百人的辯論大賽、素未謀面的隊友與對手、幾分鐘前抽出的題目，她還是可以冷靜地以流利的英語、清晰的思維、穩健的台風侃侃而談，事後看到她同學拍回的視頻，差點無法相信這是當年照片中可愛的小女孩。

學校選拔 Head Girl 女學生會主席，她也挺身而出，只為了在畢業典禮當天上臺發表演說。在舞臺上有著突出表現的她，私底下卻是一個慢熱型、有點靦腆的大女孩，初中三年級開始學習日本茶道，堅持了三年從沒放棄，也即將拿到日本發來的第一個認證，前一陣子又跟著另一位日本老師學習和服，把東西方文化的精髓都把握的恰如其分，毫不衝突。

包括我在內，許多人都曾希望她能到美國常春藤名校求學，以她的能力，也不會是太大的問題。但她一開始就向美國說 NO，當時我不太諒解，後來過了一段時間，我慢慢理解她的想法與堅持後，就跟著她義無反顧的、堅定不移的朝同一個方向而來。而且親臨劍橋，更有種想法，如果說美國的常春藤盟校要的是長袖善舞、能說善道的學生，那我覺得劍橋要的學生則是相對溫文儒雅，書生氣息較濃的孩子，這麼說來劍橋應該是更適合大 J 的地方。在她最初申請學校的時候，我還不解為何不選擇美國的學校，到此時，很慶幸自己一直都**相信和尊重孩子自己的選擇**。

在她事後描述的面試過程裡我發覺，那些她從小時候經歷的一切，學校的成長過程，課外活動的經驗，都一點一滴的被呈現在面試官前面，你想偽裝都偽裝不了。所幸這也是我一直秉承的價值觀念：不為任何名校的要求去改變孩子的學習過程，不改變我的初心。

孩子教我的父親課

讓孩子擁有一個自己真正的人生，進而提升他的自信，和看世界的角度。

2016 年年初，應上海一家教育機構的邀請，舉辦教育分享會，談談我陪伴孩子們將近二十年成長的心路歷程。因為自己也不是教育專家，也從來沒在人前談過自己的教育理念與心得，所以考慮很久才答應。當時還提出一個要求，那就是每次只能有 10 位家長。其一是因為我喜歡這樣小規模的交流；其二是這樣的人數才能夠在當場互動。

但事實是，答應後我立刻想反悔了，原因是對於分享會上該說些什麼，我沒有任何概念。我隱約知道家長們想聽到的可能是如何培養孩子進入劍橋大學，怎麼準備？怎麼申請學校？這一類的訣竅。我從來沒有刻意培養大 J 上名校，從小到大也從來沒有希望她為了這個目標去做任何準備。而且她在申請大學過程中，雖然跟我討論過，但基本上都尊重她的決定，只會給她一些意見作為參考而已。

也因此，要在分享會上說些什麼，困擾了我好幾天，遲遲無法定調。後來我想通了，既然不能提供訣竅，那就學大 J 在復旦大學的「復二代」分享會裡的主題：「認識你是誰，做最真實的自己」

一樣，把我多年來陪伴 2 個孩子長大的過程，用最真實的語言講述出來就可以。不需要掩飾，只要求平實。就這樣我花了 1 週時間，找出以前為孩子整理存檔的一些圖片、影片、文字記錄、獎狀證書，加上平時搜集的一些關於教育的簡報文章，振筆疾書寫下了洋洋灑灑近 100 頁的 PPT 文件。

提升觀看世界高度

為了讓報名參加的家長們有所收穫，我找了幾段和未來教育有關的影片片段，準備在現場分享給他們。主辦單位給了我 3 小時的時間，我很擔心從來沒有做過這種演講，會不會一下子就結束了。結果第一場教育分享會的三個小時結束時，我才發現只說了一半的內容。儘管沒說完，會後還是有家長們紛紛發來回饋資訊。我這才發現，原來最沒有訣竅、發自內心的分享才是他們最想聽的。

分享會上，孩子在 7 ～ 12 歲小學階段的家長最多，可能是這個年齡的孩子可塑性最高，也進入了開始讓父母焦慮，但還算來得及調整的階段，另一個可能性是近幾年來上海傳統體制內學校，想走向國際化的家長越來越多吧。**教育，絕對必須堅守「求道不求術」的基本精神**，這也是我一直反覆強調的重點之一；很多家長們表面上告訴孩子，讀書是為了他們的前途著想。但事實上是家長自己輸不起，或丟不起面子。

我在教育分享會一開始，就會告訴家長們，我不是來分享如何讓你的孩子進劍橋、上哈佛，而是要透過和孩子們互動經驗以及生活上的小例子，談談**如何讓父母和孩子的關係更好，讓孩子擁有一個自己真正的人生，擁有一個做自己的機會**。進而提升他的自信，

和看世界的角度。分享的每一項關於教育的理解，也都是根據我自身的情況，希望家長們經過思考評量，再決定是否套用。

• 孩子就是父母的一面鏡子

基因，占一半；後天培養也有一半的效果。孩子的好，別人總是會誇跟父母很像，得到真傳。但是孩子的缺點，我們要時時刻刻的想到是不是從自己身上反射出來，或是日積月累，不知不覺耳濡目染學來的。如果有那麼一點點可能性，我們就必須反思自己，調整自己，不要立刻對孩子做出反應。

不要生搬硬套，任何聽到的、看到的、學到的教育方式，不能全盤照抄，回家依樣畫葫蘆，這樣會適得其反。此外，沒有成功模式，我的大女兒大 J 雖然成功錄取劍橋大學，但並不表示她從此一帆風順。但值得驕傲的是，她知道自己要走的路，不隨波逐流，這一點，不是任何教育機構能教的出來的，關鍵還在父母身上。

還有記得你是誰，做最真實的自己，這是大 J 在 2015 年 8 月，到復旦大學管理學院分享她成長歷程時，給自己的演講定的題目。演講中提到，不能人云亦云，坊間流傳的任何帖子，任何成功的經驗，都還是要靠父母吸收消化，甚至身體力行，然後才能傳遞給孩子；也不需要為了迎合招生官的要求刻意包裝自己。

而且她之所以沒有申請美國大學，是考量到準備 SAT、托福將占去她寶貴的學習時間。她，寧願做自己。

記錄並分享自己的教育經驗

記錄並分享自己的教育經驗，並從這個過程中學習到更多，也因為你持續這麼去做，可以鞭策自己，更激勵著其他父母，從而從別人身上得到更多的寶貴經驗。這是教給孩子的第一課，**尊重別人，別人也一樣的會尊重你。**

「教育」，之所以把「教」放在「育」的前面，我自己的解讀是生育一個孩子是人類的本能、是短暫的節奏。但是**「教」這件事，是需要一輩子的學習。**

我到了中國大陸工作，一直沒有放棄學習這件事，剛到北京那幾年，我在公司的安排下進修了短期的財務知識和管理技巧，也在公司不斷的變動中，臨危受命的歷練了行銷，業務，管理，人事，後勤，技術。除了工廠的管理外，幾乎所有商業運作的職能我都經歷過。以至於 2008 年進入復旦大學管理學院讀書時，教授們上的課我幾乎全能理解，當然我進復旦讀書也不全然是為了成績與文憑。

我承認，在北京的五年期間和上海的前幾年最辛苦，但也收穫最多。那幾年公司的運作正處在一個高峰期，我剛好躬逢其盛，親身經歷了那一個階段；自己覺得特別的幸運，有了那麼一段讓自己學習的機會。讀書階段，我不是一個很會考試的孩子，但長大後卻對工作抱有極大的興趣。對於和人打交道顯得格外來勁。這也是我退伍之後做了 2 年技術性的工作之後，就決定轉換跑道進入業務這條不歸路的原因。

所以當你的孩子不喜歡考試，甚至不是特別會讀書，記住，你要的不是一個「會讀書」的孩子，而是你自己的孩子。當親情不再的時候，一切就來不及了。我舉辦過幾次的家長分享會，一開始都會請他們寫下孩子剛出生時，自己對孩子的初心，結果大家寫的幾乎都是平安，健康，快樂這些和成績、名次無關的字眼。這個舉動的目的其實就是讓大家回到初心，不要因為鄰家孩子的優異表現，就潛意識的希望自己的孩子也要這麼做。

這本書裡不會有條列式的方法、或者口訣，讓大家可以照本宣科。因為回到日常生活中，你面對的是一個活生生的人，一個你每天要跟他相處的孩子。書上寫的通常用不太上，只有你無時無刻的去觀察、去體會、去思考，那條和孩子相處的康莊大道才能逐漸明朗。教育是一輩子的事，學生時期不讀書，不代表他一輩子就不愛讀書。而人一旦成熟世故了，也不要忘記，讀書是讓你能安生立命的重要精神食糧。

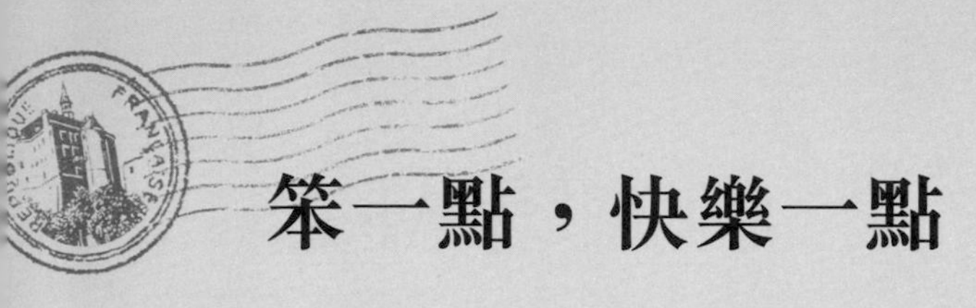

笨一點，快樂一點

Dear 大J/小J,

收信愉快！

爸爸今天發現了這篇短文，覺得很有意思，覺得應該有助於妳們，所以特別分享給你們！

人永遠不喜歡那些看起來比自己精明伶俐的人，「笨」一點，是獲得世俗支持率的最佳加分點！「她」時代裡，要懂得用一點點憨厚來笑對人生，不願意吃小虧的人必定會吃大虧；太過精明，到頭來只會算計了自己。用一分憨厚來掩飾做人的精明，學會了，一定會遨遊世界大受歡迎。

「笨一點」，不是叫妳們不學習。而是不需要拿自己的聰明來取笑別人，造成別人的壓力。有時候明知別人利用她們的聰明來佔一點小便宜，我們也能一笑置之。在妳周遭的朋友裡，如果有哪個人老是笑妳笨，說她自己多厲害、多有學問，妳們肯定不會喜歡她的，是吧！反過來，如果我們老是嘲笑我們的朋友，老是展現我們的聰明，她們恐怕也不會喜歡我們。

聰明，是拿來幫助別人。例如姊姊常常在課堂上協助同學的功課，解答他們的疑難；例如妹妹常常幫助小張阿姨做菜。

聰明，是做好自己該做的事。例如讀更好的學校、取得更高的學位或成就，就有可能獲得更好的工作。

聰明，是用來追求自己的夢想。例如開創自己的事業，規劃自己的美好人生。

媽咪不是很聰明的人，但她絕對是一個認真做事情的人，所以獲得別人的尊重和賞識。我也從她的身上，學習到很多很多書本上學不到的人生體會，相信妳們也都看到了。

妳們都很聰明，如果還能結交更多的朋友，用心體會上面那段短文的每個字、每句話，並且身體力行，這樣的妳們一定會更快樂，獲得更多人的尊重。

Dad

孩子的自信心來自父母的能量

家庭、老師與學校，陪伴孩子成長，必須具有未來的眼光，才能為孩子灌注養分，使其發光發亮。

參加小 J 轉學之後的第一次家長會，家長會地點是在學校餐廳，一到現場發現各科目的老師們已經就定位，一位老師走過來請教我孩子的姓名，告知之後，她立刻找到事先寫好孩子姓名的貼紙，讓我貼在手臂上以利老師們辨認。沒多久小 J 就出現在我的視線裡，她先帶我去見她的商科老師，是一位曾經經營過自己公司，留著一小撮白山羊鬍子的英國人；接著是她的兩位歷史老師，一位是教包括歐洲和義大利的歐洲歷史，一位則是教授亞洲歷史。教歐洲歷史的老師是位有著蘇格蘭和義大利血統的紳士，說起話來帶點歐洲腔的英語。第二位老師一到，那 190 公分的身高，讓我嚇了一大跳，連站起來跟他握手都得仰望著。2 人一搭一唱，讓整個家長會充滿了歡樂的氣氛，毫無壓力。

培養獨特觀點厚植理解力

接下來是小 J 最弱的數學，一直以來我就不特別要求她數學成績一定要多好，而是希望數學這門課不要扯她的後腿即可。因為 IB 國際課程必須讀完 6 門不同領域的學科，當然包含數學，逃也逃不掉。我一直告訴孩子，考好它，妳就有機會選擇學校；考不好，就等著學校來選擇妳，讓她自己判斷。中文、英文則是她的強項，但是老師都希望她能多閱讀好的文章，因為**IB 的語文課程，都不是叫妳死記硬背文法、句子，和默寫。而是要能閱讀文章後，加以分析與解讀，並根據提供的線索，以自己的判斷寫出有獨特觀點，和足以感動人的文章。**

這些要求如果沒有深厚的閱讀習慣和理解能力，是絕不可能做到的。這是我一直推崇的引導式教學和批判式教育，有了這些在高中時期的訓練，到了國外讀大學，甚至到社會上工作才能遊刃有餘，不致受制於人。與老師面談時，各種互動的表情、動作、舉止，大部分可以反映出她各科目學習的狀態，也可以觀察孩子在學校的學習狀態，這樣的機會可以讓處於青春期的孩子在不希望家長過度干預學習的情況下，藉由這個機會做很好的觀察、近距離的接觸到平時家長們看不到的另一面。

看到老師們都能侃侃而談，點出小 J 的優勢與不足，並同時給出未來學習的建議，我也很開心。我也不再期待像以前參加姊姊家長會時，盡是聽到老師的溢美之詞。現在的我更願意跟著小 J 一起聆聽各科老師提出的不足與問題，然後給予一點個人建議，甚至提出一些問題。不致於產生任何溝通上的落差，讓孩子知道父母一直在後面關心著，但同時保持著對她的信任。

積累自信發光發熱

這一點其實不容易拿捏，**感覺就像手裡捧著一隻剛出生不久的小雞，你必須小心奕奕的捧著她、呵護她，但卻又不能直接在她脖**

子上栓一條繩子，或是直接把她放到你的口袋裡。這個「度」的拿捏與掌握要非常小心謹慎，因為這將直接反映與孩子的關係。

平時我從不干涉孩子的功課，但是只要是家長會，或體育活動如跑步或足球比賽，或大型活動如舞臺劇及才藝表演，我一定到場支持孩子。這是一種精神上的支持，遠比你盯緊孩子的成績和名次來的讓孩子更有動力去學習。她可以感受到你的時刻關心，但是不會有立即的壓力。這個學校給人的感覺是一所老師和孩子像朋友一樣的關係，課外活動也特別的多，孩子能在這裡學習到許多學業之外的不同能力。尤其是像舞臺劇和音樂劇這樣的活動，可以說華人的孩子因為儒家思想的影響，一般的表演能力都不好，不夠綻放，但是我在參加了孩子在這所新學校的第一個音樂劇表演後，發現到在一群西方人為主導的學校裡，她也一樣能夠以放鬆的狀態去演出，這是傳統學校所提供不了的。

孩子既然不能在數理化方面取得很好的成績，那一定就有上帝提供給她的另一些優勢。我和其他父母不同之處在於，我會忍住那些世俗的眼光和比較的心態，不去補她的短處，而是想盡辦法鼓勵她，哪怕只有一點點的優勢。這對從小也在傳統教育下長大的我來說不是件容易的事，但絕對值得父母去做，因為只有如此，妳的孩子的自信會得到充分的養分，時間久了，就會發光發亮。最後找出她自己獨特的一面，而非在別人已經擅長的領域苦苦追趕，最後喪失了自己的信心。

充實動力養分

當然這也考驗家長的眼光。就是樹立一個正確的價值觀、世界觀，和人生觀。不只孩子要多讀書，作為父母的我們在離開學校之後，也必須多看書，多瞭解未來發展的趨勢，多瞭解一些深度的分析，做一個知識的領航者，才有能力，或者說資格去導引孩子走一條正確的道路。我現在每天閱讀「得到」這個手機應用的 App，裡面會有吳軍博士的每天一篇「矽谷來信」，這是除了一天三餐之外我的精神食糧。正因為有類似這樣的精神補充，讓我隨時可以取得全球最新的科技、文化、藝術知識，還有一些普世的正確觀念。

正是這些人生和經營的智慧，不斷啟發了我，讓我不斷有動力和養分充實自己，讓自己不斷的在前進，這種活力正是我能源源不斷給孩子精神養分的來源。我常常比喻自己是個大樹的樹幹，而我們的父母長輩，以及那些我們崇拜的人士的智慧是我們的根部，提供我們真知灼見。有了這些，我們才能進一步餵養我稱之為花瓣或果實的孩子。

老師也是一樣，他們是陪伴孩子在成長過程中走一段路的引路人，但必須具有未來的眼光，能和孩子相處在一起的能力。而學校則是支撐著所有一切的大家庭，組織各式各樣的活動，並給孩子一個足夠大的空間去生長，而不是一昧的壓制他們的興趣。縱然任何學校都不是完美無缺，但是總有一些能找到符合你孩子的一些優勢，那就緊緊的抓住不放，一定能讓你有所收穫的。透過第一次音樂劇 Annie 表演的經驗，這學期小 J 又主動爭取到一場關於莎士比亞筆下的理查二世，在這部英國的宮廷劇裡擔任主角，我也非常期待到場欣賞她的演出。在她即將從高中畢業的倒數日子裡、以及和我們在一起的時間裡，做好父親該有的陪伴與支持。

讓你高飛遠颺

旅行，是幫孩子們打開一扇窗，認識世界的方式。但「認識世界」，並非跟著別人走；最有意義的旅行，需要自己規劃和付出。

在我的定義裡，「認識世界」，絕不能只是跟著別人走、跟著已經被規劃好的行程。那只是一種你回來後也無法體會旅遊意義的的方式；或是在旅程結束之後，卻對這一次的旅行除了吃喝玩樂之外，毫無體會的一段記憶。而**最有意義的旅行，是需要自己參與行前規劃和付出。**

孩子小的時候，得父母自己做點功課，**等到孩子稍大，可以和他們一起討論、一起規劃，即使漫無目的出發，但能收穫滿滿的回憶，才是讓孩子和我們一起探究世界的最好方式。**而且既是全家出遊，冒點險又何妨？以前的我也曾對旅途的變動顯得急躁不安，但隨著年齡逐漸增長，開始能夠體會這些旅途的「意外」，竟能給我帶來意想不到的收穫。這是比直接找家旅行社全程委託與承辦更有意思的旅途，至少，經過多年後，我還能清楚記得路途上的點滴。

因為從台北移居北京開啟了「北漂」的生活，兩個女兒從小到大經常在飛行途中度過她們返鄉的時刻。老大曾在初中時期，用極為生動的文筆描述她和妹妹小 J 獨自搭機回台灣的經歷。

善用每個時刻　鼓勵面對身心鍛鍊

當時因為妹妹年齡還小，她也未成年，兩人必須由航空公司人員安排和帶領才能登機、下機。在這趟旅程中，她們享受到比頭等艙客人更早登機的待遇；在飛機起飛、吃完機上餐食後，就被空姐帶到商務艙就坐，以便抵達時，一開艙門馬上被引導下機。這篇作文，因為描述得栩栩如生，被刊登在學校的校刊。她的形容寫出了這個年齡孩子，那種想要獨自闖蕩世界的心情，讓我一輩子都忘不了：我和妹妹就像一對長期被禁錮在籠子裡的鳥，好不容易有機會單飛，既興奮又緊張；但飛出去時，卻發現脖子上仍被拴著一根繩子，飛也飛不遠。

大約五年前，當時分別在高中和初中就讀的她們倆，一起隨著學校的老師同學在學期快結束的某個週五下課後，搭五個小時車程前往浙江海寧參加鄉下野營和徒步旅行。活動結束後她們告訴我，野營住宿地點在一個窮鄉僻壤，走到營地最近的一個農舍挑水煮飯都需要步行 10 分鐘；晚上大家摸黑煮飯搭帳篷，戴起頭燈時時，所有的飛蟲就像飛蛾撲火般的逐光迎面而來。而且帳篷不是搭在露營專用的平坦地面上，睡起來特別不舒服。但這些體驗，都在鍛鍊著他們的身心和視野。

兩個孩子也在暑假陪長輩們出國旅遊，我印象最深刻的是 2013 年，幾個表兄妹陪著奶奶前往日本北海道旅遊。因為工作的關係，大人們都無法隨行，只有多年前曾經擔任護士的姑姑陪同。出發前姑姑只預訂了機票和酒店，一行七人就浩浩蕩蕩出發展開他們的自由行。北海道地廣人稀，旅途中沒有足夠的體力是很難完成的，最傳統也常見的交通工具就是火車。但因北海道境內的車站大多規模不大且老舊，加上我的母親長途跋涉需要使用輪椅，首先面臨的挑戰就是如何推著輪椅在沒有電梯的老舊月台間移動。

適時放手激發應變能力

遇上建造時間久遠的車站，多數沒有電梯。從他們傳回的照片，可以清楚看見孩子們輪流推著奶奶的輪椅，上下陡坡；有時則由站務人員使用類似輕型履帶式電動車，載著我的母親和輪椅上下各個月台間。這些照片給了我極大的感動，平日養尊處優的孩子們，在沒人給予協助的時候，還是能夠審時度勢，捲起袖子相互幫忙。這就是我經常提到的，**給孩子適當的飢餓感，適當的遠離她們。才能讓她們的天性發揮出來。**

此外包括我高齡 80 的老母親在內的七人團中，沒有人真正學過日文。因此旅途上所有與日本車站人員溝通、日文資料蒐集、研判工作，就落在曾經和我和太太一同旅遊日本，瘋日劇，勤練日本茶道的大女兒身上。雖然她的日語會話能力還稱不上流利，但是基本會話還是能應付自如。所以**孩子們的成長過程中，父母毋需全然否定一些從看日劇中培養而來看似無用的能力，或許日後，你可能會需要這些後生晚輩的「無用技藝」來協助我們。**

後來大 J 在 10 年級（台灣高中一年級）結束的那年暑假，我鼓勵她和幾位死黨規劃一趟台灣環島八天自助遊，目的是訓練她的膽識與組織能力。她們全程使用高鐵，火車等大眾運輸工具，住在幾位台灣同學家。那是她除了參加過 2 次的暑期台商子女夏令營之外，唯一一次在沒有大人陪伴下的旅行。這趟旅行證明了她有能力獨立完成一個人生完整的旅程，讓我感受到了孩子們已經長大，不再是小毛頭了。之後，她也和同學們一起到日本高中畢業旅行，為她日後的獨自走天涯累積了很好的經驗。

也因為女兒們漸漸長大，2016 年全家的美國、加拿大之旅，我就讓她們參與更多的旅程安排。途中我有幾個藝術相關的工作行程，為了配合客戶的時間，我負責掌握在兩國停留的日期和住宿地點，大 J 負責地鐵路線規劃和嚮導。我工作之外空閒時間的行程安排，以及預定來回美國和加拿大之間的機票與行李相關事宜，則由父女倆一起商量。

透過日常生活　練就獨立自保能力

妹妹小 J 則負責打理全家人旅途中的餐食，在溫哥華入住 Airbnb 時，早餐和晚餐如果不在外面吃，幾乎都是我和兩姊妹一起到附近的超市採購，然後散步回旅館，再由小 J 掌廚，我和姊姊在一旁擔任助手。這樣的父女情誼相當難得，也是在她們即將相繼離開父母之前的一段美好記憶，藉此我也從旁觀察孩子的成長，慢慢退居在她們生命的幕後，一如當初孩子學走路時的逐步放手。透過這些還在我眼皮底下的成長訓練，我看到孩子們比我想像的還要成熟，我逐漸的學會放心，也告訴自己必須急流勇退，不要再插手孩子們的瑣事，以避免阻礙她們的成長空間。

時間拉回到 2014 年的 10 月，我陪著大女兒飛往英國參加劍橋的面試，也算是她離開我們之前的一個觀察與測試，經過這一次，我已經能放心的讓孩子獨自飛往異地求學，不會有太大的壓力。也因此，大 J 在 2016 年暑假結束返回劍橋之前，隻身前往英格蘭南部參與劍橋大學戲劇社團在全球劇迷票選一輩子必須到訪的第一名劇場 「Minack」 演出時，我能夠放心靜待佳音的回傳，而不至於時刻擔心她的安全、飲食和嚴酷的天氣條件；也能夠放心讓孩子在聖誕假期獨自一人飛到波士頓和多倫多拜訪同學，完成她遊歷世界的願望。在成長過程中根據孩子的年齡和心智成熟度，逐步放他們單飛或是和老師、同學們一起搭機出遊的機會，似乎也就是她們比別的孩子更獨立，更早熟的原因。

這些**獨自一人旅遊所需要的能力、常識和膽識，都不是一朝一夕就能練就而成的。需要透過日常生活中，對孩子們在安全意識方面的耳提面命，從孩提時代帶她們旅遊時的點滴觀察，以及平常對旅遊意外新聞事件的解讀**。從我自己在各地出差的經驗傳授，以及這一次美國和加拿大的行程中，對孩子們的側面觀察，我終於能夠放心讓雛鷹展翅，離開舒適又溫暖的窩，獨自飛往陌生又遙遠的高地，尋找她們各自成長過程中所需要的養分了。

放手讓孩子做決定

和孩子一起旅行，是培養獨立自主，增進彼此關係的最佳方式。和她們一起討論，帶領她們走一段路，然後放心目送她們走向自己的人生道路。

考慮到以後小 J 的志向是去美國或加拿大讀書，該是時候讓她先去體驗一下真正的北美當地的環境。在這樣的背景之下，2016 年暑假這一趟美國、加拿大之旅就是我克服萬難特意安排出來的，一來全家四口遠赴紐約、溫哥華旅遊所費不貲，對一個中產小康家庭來說，實屬不易的決定。二來太太是上班族，要挪出一段長假也不容易；已經長大的孩子們，也各有自己的生活和圈子；我自己則需要安排藝術作品在溫哥華的安裝進度，和參觀紐約和溫哥華的幾大美術館、博物館，是我例行工作。當這些因素加起來，所有的行程就變得異常複雜。但是考慮到再過幾年，孩子們即將各奔東西，全家海外遠遊的計劃將會越來愈不容易實行，這樣一想，再難也要克服。

親子之旅分工合作凝聚情感

首先，費用就是一個不得不去面對的問題。這一趟紐約和溫哥華之旅，時間長達 14 天，從機票、住宿、交通到生活所需，所需花費絕對不是小數目；但我堅信和孩子們出遊，尤其是自行規劃的旅程，會是值得的。但最難的還是行程的確定，我需要配合客戶、藝術家的日程與時間的安排，還有孩子們各自返回上海的航班，一直到出發前兩天，我還在為住宿和接機傷透腦筋。所幸有了家人的體諒，一切就變得不那麼困難了。

讓我印象深刻的是，從溫哥華來回紐約的航班，因為配合老婆從臺灣直飛紐約的原因，我們只能選擇比她早到但晚離開的航班時間，結果這樣的安排讓我們遇上了達美航空百年不遇的電腦大當機，差點困在機場。不過即使沒那麼嚴重，紐約機場登機門在三小時內改了三次也算破了紀錄。還好姊姊大 J 善於上網查找資料，提前知道達美航空的行李限制，才不致於荷包大失血。

14 天的旅途中，我和兩個孩子的工作分配是大 J 負責選擇洋基隊比賽、決定排程、找地鐵路線；妹妹小 J 負責早餐選擇、親手做早餐和晚餐，還有帶著姊姊親手製作清爽可口的 Sorbet、尋找網路知名店家；我就負責訂酒店機票、當保鏢和顧問，還有買單結帳。而此行最開心的事，莫過於入住紐約 SOHO 的 NOMO 藝術酒店，這是由一位在紐約讀書、住過幾年，目前任職於上海某公共藝術機構的好友 Evelyne 推薦的，作為我們在紐約落腳的地方。

這是一家 loft 風格的藝術酒店，但絕不以一堆藝術品為噱頭，把酒店搞得像畫廊賣畫似的。反而是在設計與氛圍上，點點滴滴的用心，讓人感受到藝術無處不在。在外奔波一天回到酒店的那一霎那，空氣中瀰漫的陣陣清香更讓人有回到家的感受。酒店裡的餐廳「Nomo Kitchen」是我每次回到酒店都無法移開目光的地方，讓人忍不住要探頭一望，整個設計融合了藝術、時尚、工業風，把光影、色彩、音樂結合的異常巧妙，住宿期間我們各在這裡用了一次 brunch 和七夕的晚餐，2 次的用餐體驗都讓人難忘。

Airbnb分享概念吸引潮人

值得一提的是，晚餐的預定是由年紀最小的妹妹負責，看她與接待人員的對答入流，還有態度的親切禮貌，真是讓人如看了一個標準的禮儀示範般的享受，真不知她是怎麼學來的？ SOHO 區那些小店讓母女三人逛的不亦樂乎。我也能開心的去走走美術館和畫廊區。在溫哥華預定的 Airbnb 則是讓我們父女三人有了一個移動家庭的感覺。Airbnb 這個居所分享概念的品牌，已是近年來除了 uber 之外的當紅炸子雞，傳統飯店業估計都很害怕這個從不同行業跨進來的怪獸。沒有固定資產，不需龐大工作團隊，以新時代思維一點一滴的侵蝕飯店業的營收，並可能很大一部分吸引著大量觀念新穎、不想落入俗套的三十歲以下全球潮人。

以我們這次溫哥華住宿為例，本來我預定了 6 晚的飯店，但最後因為價格太高原因我也放棄了，反而原本飯店要價的一半就租下了擁有廚房、客廳、兩房的標準公寓房子。讓我們難忘的倒不是價格，而是我們父女三人可以在附近的超市買足食材，悠哉邊走邊逛回到公寓，讓小 J 發揮她精湛的廚藝。讓我最驚訝的是，她親手做的 sorbet 簡直好吃到爆。換成是傳統飯店，這會變成不可能的任務。每天晚上洗衣、洗碗，在旅程中不一樣的柴米油鹽醬醋茶氣味中，享受孩子和自己的相處，加深全家人的感情。

在整個行程中，一家四口都以完全放鬆的狀態去學習，行程的安排與規劃聽從孩子的建議，我們一路看藝術看棒球，地鐵和路線聽老大，美食逛街追隨妹妹的腳步。做父母的自己先放鬆心情，搞笑作怪，氣氛一下子就變得輕鬆自在，孩子也絕對比我們更盡興。

最後規劃了數月的紐約之行終於畫上完美的句點，這次之所以來到紐約，是想帶全家來體驗全球金融與藝術的重鎮，就像每個城市都有其個性一樣，紐約當然有其獨特的模樣，以我短短幾天的觀察，不可能窺其全貌，妄下評論也會招致批評。但我想用藝術從業人員的角度來談談我的感受。

飽覽藝術瑰寶　紐約藝術名不虛傳

位在紐約上東區的大都會博物館從來不缺關注的眼神，一進館就看到黑壓壓的人頭，頓時讓我失去了逛下去的心情。還好立刻整理情緒，專注在購票和研究路線，做個心情轉換，就展開我的博物館尋寶。很多攻略上都在教我們如何取巧的省下那美金 25 元的門票，但作為藝術從業人員，真心覺得要維持這樣的展覽品質，提供如此多樣的服務，沒有經費是萬萬做不到的。為了表達我內心的敬意，我當然是按照規定拿出信用卡足額繳費。因為如果有一天我也能策劃一個有品質的展覽，我也希望我的朋友是以這樣的心態看待展覽。

買票之後，一路上我更加理直氣壯的跟館內的工作人員諮詢、互動與交流，因為這也是我作為一位參觀者應享的權利。果然一路上我遇到的工作人員都很耐心，也很客氣地回答我所有的問題，讓我能夠在有限的時間裡，看到我最想要的看的作品。紐約的大都會博物館就像一個超級迷宮，一個擁有藏品 300 萬件的博物館，沒有導覽圖、沒有耐心，就會落到走馬看花，力不從心的窘境。但當你試著放慢腳步，緩和心情，全身心的專注在作品上，所有外界的吵雜就跟你絕緣。而且越走到博物館的後面，人就越少。例如我就發現了在日本館裡，竟然出現了難得一見「井上有一[1]」及「名和晃平[2]」的作品，也發現了許許多多平常難得一見的各國珍寶。

類似大都會這樣的博物館，規模之大不足為奇，因為它已擁有超高的人氣與知名度，從來不缺人潮。我覺得比較難得的是那些因為個人的收藏愛好，然後歷經上百年的演進，隨著作品的收藏數量增多與品類的多樣，透過不斷的收藏在藝術圈也逐步建立起自己的人脈與知名度，而逐步形成一個體系的博物館或美術館。紐約的惠特尼美術館就是一個典型的例子。

如果透過大都會博物館看到人類的數千年發展與歷史，那類似惠特尼的當代美術館就是引領我們從近百年前的藝術發展去看人類未來的走向。藝術家在某種程度上也是一位哲學家，也是有思考能力的歷史學家，只不過他們用畫筆圖像和視覺創作，取代了文字和書籍；用發自內心的思考與純熟的動手能力取代了當今社會上的粗暴和不堪的言語。

1.井上有一(Inoue YŪichi)，1961年出生於日本東京都，東京府立青山師範學校（現東京學藝大學）畢業，是一位代表了20世紀後期日本的藝術家。日間是個老師，晚上他寫書法，長期混身是墨，被稱為現代書法的獨創者，他的作品，即使今天看來仍然不守章法，前衛破格。

2.名和晃平（Kōhei Nawa），1975年出生於日本大阪府大阪市，日本現代美術家，以雕塑為主要創形式。以現代社會特有的媒材如玻璃珠、樹脂、熔膠等從事形變等雕塑創作，創作遊走在真實與虛假之間的模糊地帶。除雕塑創作以外，亦積極從事其他創作形式如影像，更與愛馬仕、Agnès.b等時尚品牌跨界合作。

女性當家

因為教育，培養出有能力的女性，翻轉以往職場是男人天下的刻板印象。全球女性地位已然大躍進，可以很有自信的放手一搏了。

在家找到一張老照片，影中人是出生於近百年前的第一代，一個女性僅能操持家裡的柴米油鹽醬醋茶，毫無接受教育機會的年代；如今成為家中數十位成員的精神支柱和逢年過節的聚會話題與焦點所在。而相差近八十年的新一代女性，則操著流利的中英文，個性獨立又具備眺望世界的高度。

舊時代裡，女性只有在年初二回娘家時才能當主角；但在新時代裡，她們已經走出自己的一片天。在東方傳統的農耕時代，或西方世界的遊牧時代，體力決定一切生產效率，所以女性只能是配角。但到了無人機、無人車，以及分工越趨細緻化甚至一切自動化的現在世界裡；在EQ高於IQ的商業競爭、政治鬥爭裡，有能力的女性，全面進入過去男性主導的各個領域，女性的明天註定越來越精彩。剩下來的問題只是如何與男性分工合作，共領風騷。

2015年年底，臺灣出現了有史以來的第一任女性總統。放眼全世界也有許多女性不斷的成為新聞焦點，不少國家先後出現了女性為主導的首相或總統，例如英國首相梅伊、德國總理默克爾，前任韓國總統朴槿惠等，這還只是政治領域的，如果算上商業領袖和其他行業的那就不計其數了。因為大 J，我嘗試瞭解劍橋大學的歷史，才發現原來劍橋大學和世界其他幾個著名大學都是到了 20 世紀初期，才逐漸接受或認可女性受教育的機會。在此之前，女性是被排除在大學的窄門之外的。不過才走過短短的一百多年歷史，占世界人口一半的女性已經在所有的領域和男性平起平坐，分庭抗禮。

我和太太在 20 年前生下老大的時候，從沒想過生男生女的這件事，我的母親和岳父、岳母也從未對我們說過要有子嗣以傳宗接代的事，讓我們在沒有任何壓力之下，順利的把孩子撫養長大。過了這麼多年，我們才猛然發現，原來女性也可以有這麼一天。想想 100 多年前的中國，那是男人綁著辮子，女人要裹著三寸金蓮的時代。一旦我們逐漸拋開了這些束縛，就會發現，原來男女之間是沒有太大差別的。女人是被數百年，甚至數千年來的錯誤思維給束縛住了。不僅中國如此，西方如享有日不落國稱號的英國也一樣。

所以當我不經意的拍下這幅照片，心裡的感觸其實很複雜。滿清被推翻了之後我們走過了 100 多年的歷史，把一個孩子，尤其是來自台灣鄉下的平凡女孩子送上了劍橋大學，一所有著 800 年歷史，在一百多年前還不准女性入學的頂尖大學就讀歷史專業，這是多麼不容易，也具有劃時代意義的一件事。可以想見，**教育是一件多麼偉大的事，不只教我們讀書識字，更是可以讓我們從一個什麼都不知道的孩子，走向世界的尖端大學去看世界。**

我和太太的出身都非常的平凡，也毫不出色。但**透過優質的教育，我們可以走出一片天。即便那張文憑不能讓我們大富大貴，但**

對我來說，那是一個國家級的寶藏，一把足以改變人生命運的鑰匙。進入21世紀後，我突然發覺不知道是飲食的關係，還是社會的變化，男女之間的性格差異越來越小，男性有女性化傾向，女性也有陽剛的一面。這意味著過去我們對男女間的刻板印象也會被一一打破。例如做菜不再是女人的事，飛行員也可能是女飛官。這樣的例子現在比比皆是，已經不足為奇了。這已經不是你願不願意，而是你有多少時間去改變自己的思維和觀念。

就像前一陣子熱門的印度電影《我的冠軍女兒》（大陸譯：摔跤吧，爸爸），在中國大陸掀起一陣旋風。原因雖是劇情感人，也拍得很好。但其中一個關鍵就是劇中描述在階級和男女性別差異嚴重的印度，出現了讓女性出頭的現象。原來女性不只在中國，在印度給人的印象也是煮飯洗衣照顧孩子這些最傳統的功能而已。

從片子一開頭，渴望有一個男生可以繼承他摔跤冠軍能力的爸爸，在一個又一個女兒的出生後，逐漸放棄了原來的衝動來看，女性還是在許多方面，遭受到一如既往的壓抑，直到有天爸爸回家後，無意間發現自己的女兒竟然把鄰居的大男孩打趴在地上，才發現女兒們有他的基因，也激起了他訓練女兒繼承衣缽的動力。在爸爸有著堅強的意志和決心，女兒也在一次又一次的跌倒和失敗中不斷的努力向上，但故事的最終還是在父女之間濃濃的愛意和鼓勵之下有了圓滿的結局。

我的故事雖然沒有這麼勵志和感人，但看完這部電影，心中還是心有戚戚焉。好的教育，不是在學校，而是在家長本身的觀念。劍橋大學也好，摔跤冠軍也罷，這兩個不同地域，和不同時空背景下的故事，都一再的提醒我要本乎初心，不論男女，好好對待與教育自己的下一代。這樣即使自己的出身或背景不好，還是有出頭的一天！

現在社會上有許多現象都跳出我們原來的想像，以一個迅雷不及掩耳的速度顛覆了我們過去的思維。事在人為，我要再一次強調，觀念的改變，才能有機會讓你的孩子走出去登上高峰，而且即便是女性，也可以有出頭的一天！

給大J的一封信——談教職與教育

Dear 大J，

「全球都在面臨少子化的問題」，未來爭取教職已越來越不容易。當然，我仍然相信以妳的能力不會是太大的問題。但是要有積極性，要有企圖心，或至少要讓自己具有一定的影響力，教育下一代的工作才會變得更有意義，或能放大千萬倍。

即便妳要先考取教師資格，當幾年老師也沒有問題，不過這一定是一個短期的工作。妳一定要設立一個目標，不管是進入美國的 Law School 繼續深造、大學畢業後參加 NGO 組織（例如聯合國教科文組織等非政府機構）、進入世界知名媒體、大型金融機構、500 強企業，或是進入類似麥肯錫之類的諮詢顧問公司從基層做起，甚至進入蘇富比或佳士得藝術機構研究歷史文物，都可以讓自己所學更加的發光發亮，發揮所長，也才不會埋沒妳的天賦與能量，也可以給妹妹一個努力的方向與目標。

經過了這些資歷的磨練，如果妳還是喜歡教育英才這件事，可以創辦一所類似上海協和雙語學校，甚至更好的教育機構，這樣一定比當個老師還來得更有意義，對社會的貢獻更大，是嗎？到那個時候，妳的人脈、妳的資源就變得非常關鍵，有錢、有資源才能買地、買設備、聘用員工，有人脈才能申請設立學校的資質、找到好的合作夥伴、找到好的老師……

雖然妳學的是歷史，但是妳學的是一種辯證式的思維、一種獨立思考的能力、一種站在高處看事物的角度，何況有劍橋這樣的資源做支撐，只要妳不自己設限，誰都會想要聘僱妳。歷史、經濟、政治、社會、藝術等都是環環相扣，只有更多的去研究相關議題，對妳喜歡的歷史才能看得更加全面，不致以偏概全，相信這些妳都懂，對嗎？大學也僅是提供一個較為全面的通識課程，需要妳在大學階段更清楚的去探索未來真正感興趣的專業，然後慢慢地調整自己。

改變，需要熱誠，更需要資源。這個資源指的就是妳的影響力，包括人脈、資金，一切職稱和名氣，這都是實實在在擺在面前的事實。只有當妳擁有這些，或至少有足以調動這些資源的影響力時，妳想實現的理想與目標，才能真正化為實際的行動。就像妳被劍橋錄取，妳才有機會在報紙、在微信上暢談妳的面試經驗。因為妳上劍橋，我才有資格坐在校長辦公室，跟她爭取妹妹的同胞折扣，這證明了影響力的重要性，也說明了各種社會現象的深層次問題。

這個階段妳的價值觀會影響妳一輩子，所以我必須把我過去的所見所知傳達給妳，再讓妳自己做決定。我一直都相信妳會通過劍橋的面試，也對妳的 IB 成績有 200% 的信心。妳現在要做的就是開始研究妳未來要學習研究的方向，還有畢業之後的幾個可能方向與出路，並建立自己面對大眾的自信與從容。因為到了大學，這些都是妳要獨立面對的。

告訴妳這些人生可能的抉擇與社會現實，是作為父親的一個義務，沒有任何的強制性。但我還是會一如既往的支持妳做的決定。就像當初支持妳讀歷史，這門大家都持懷疑態度的專業一樣。當然也因為妳的努力和堅持，讓大家對妳有了更清楚的認識，這一點我很佩服。

人生有許許多多的選擇，相信妳會找到自己最適合的，當然也不會僅限於我所能想到的方向。因為我相信以妳的能力，以妳的真誠，妳的堅持，一切都不會是問題的。
因為妳是最棒的！

Loving，Dad

驚喜相聚

驚喜，總在預想之外；親情與相聚，則是人生最美麗的場面。偶而導一場返鄉尋親的大戲，讓父母安心、讓自己消除思念，不意快哉啊！

從 2016 年暑假，大 J 回到上海度過她出國讀書後的第一個長假時，我就試圖打探她下一次回上海的時間，因為就在這年冬天她即將迎來人生的重大時刻：20 歲生日。雖然各國的習慣不同，有的在 16 歲就幫孩子舉行成人禮，有的則在 18 歲給予孩子投票權和考駕照的權利，有的在 21 歲才能合法飲酒。但是對我來說，應該說對每一個父母來說，孩子的 20 歲的確至關重要！

遠方捎來祝福　平復親人關心思念

但因為女兒長大了，她在劍橋讀書與生活的壓力也是巨大的，我不想給她額外負擔，就沒有正式提起這件事。等到 12 月初學校一放假，她就飛往美國波士頓和加拿大多倫多找她的高中同學，我也沒過問與干涉。畢竟當初也是我鼓勵她在讀大學的這段日子裡，多去遊歷世界，豐富自己的閱歷，讓視野更寬廣。但心裡總是時不時的惦記著她，不要說我多愁善感，這可能也是每一位父親都會有的正常反應，我只是很老實的把心裡話說出來罷了。

在她停留多倫多期間，我也只叮嚀她回到劍橋後，向家裡報平安即可。然後在她 20 歲生日前一晚，我計算好時差，特意一早起床發了簡訊提前祝賀她生日快樂，也透過微信轉帳發了紅包給她。告訴她雖然不能全家一起過生日，但還是可以在學校附近找家餐廳，約幾位同學好好慶祝一下。雖是簡短的祝福，但仍表達了我做父親滿滿的心意。

發完簡訊到浴室梳洗時，老婆竟然一反常態的反覆問我，怎麼在浴室裡待這麼久不出來。我心裡正犯嘀咕，心想有嗎？過不久一打開浴室門，先看到平常喜歡放假睡大覺，而且前一晚我也答應讓她去同學家過夜，此時應該還在同學家的妹妹小 J，竟然就站在房門口對著我傻笑；正在納悶她怎麼這麼早就回來時，忽然透過門簾餘光，竟然看到此時人應該回到劍橋的姊姊大 J，躲在妹妹的背後，小心翼翼的探出頭來，用她那招牌微笑，以及再熟悉不過的靦腆表情，微微的揮動手掌，輕聲的向我說聲：「嗨」。此時我才如大夢初醒般的反應過來，原來昨晚說要去同學家過夜的妹妹，竟是這場驚喜的「幫兇」和主要演員。而前幾天才在微信裡答應我一回到學校宿舍就向家裡報平安的姊姊，卻悄悄地繞了大半個地球「潛伏」回來。這場她們母女策劃許久的「年度大戲」就也在此時達到了最高潮。

愛戀姊妹情深　相依相守相信相愛

等我回過神來，才紅著眼框，壓抑著激動的情緒，緊緊擁抱著奔波 30 小時，為了省點機票錢從美國東部的波士頓，轉機西班牙首都馬德里，回到上海家裡的姊姊。

事後我才知道，妹妹前一週就告訴我要去同學家過夜，為的是她能一早搭車到機場迎接早晨七點抵達機場的姊姊而不被我發現。這樣的姊妹情感著實讓我動容，此時她們姊妹倆從小一起上學，嬉笑怒罵的情景突然就一幕幕地浮現在我腦海裡，也讓我想到姊姊赴英留學前，特別花心思幫我一起動腦筋如何為妹妹建立一套求學讀書，與人相處之道，甚至考慮到姊姊不在身邊時，妹妹要如何單獨和父母相處。

從容淡定自信　付出最大鼓勵支持

這幾天我們度過了一個非常難忘的孩子 20 歲生日，還有更勝於以往歡樂的聖誕假期，當然同樣在歲末年終過生日的妹妹，應該也是姊姊不遠千里回來的一個重要原因。之所以說這是一個有別以往的聖誕假期，是因為妹妹一個人幫全家人買了所有的聖誕禮物，還用心的為所有的禮物加上精緻包裝，在姊姊回來前都放在媽媽提前上網買來的聖誕樹下，而我的禮物竟然還是全家最多的。她們母女三個還特別策劃了一個耶誕節早上拆禮物的環節，讓今年的 Christmas 充滿了歡樂與感動。此時我終於體會了「禮輕情意重」的心情。妹妹這個細心、用心的心意與感人舉動，絲毫不亞於姊姊的萬里飛行。

還有什麼成績名次，比得上這些舉動更讓作父親的我驕傲與感動呢？其實我們能給孩子的不是那些名校光環，我們能做的僅僅就是給予一份從容淡定的自信，和即使遠在天邊但其實近在眼前，時時刻刻能感受到的愛。正是這樣的自信和愛才能伴隨著孩子在離開我們身邊時，自在又篤定地跨出屬於他們獨立人生真正的第一步！

幾天前和孩子高中好友的父母一起聚餐時，同學媽媽問起大J畢業後有什麼打算？又一次見到她以招牌靦腆表情淡淡地回答說：「我還沒想好耶！」其實在一旁的我雖然也不知道答案在哪裡？但依然能有自信，自信的認為這會是她另一個人生階段的開始，一如我從小陪伴著她一路走來的過程，總是付出最大的鼓勵與支持，但不給予過高的期望和無名的壓力。不急著催促孩子，只在背後默默的支持，堅定的相信她會在適當的時機、付出最大的努力、作出最好的選擇，因為放手讓孩子自己去闖是我們能做的最大祝福。

Chapter 4 成為孩子的超級粉絲

孩子比你想得更優秀

孩子真的會成為你覺得她是怎樣的人；而不是你想要她成為怎樣的人。

大女兒大 J 被劍橋大學錄取之後，有很多人透過各種方式前來探詢，諸如在上海讀哪所高中？讀過奧數[1]？補過英文？找哪一家留學仲介機構輔導？其實這些很多家長想問的、想知道的，我都沒做。這一路走來，我也常常在想是什麼原因讓孩子那麼自然的一路走向劍橋，無關乎她的智商有多高，更不是我請了名師，或讓孩子上了知名高中。**我想，最重要的一點是我在內心一直相信她們，給予足夠的空間和信賴。**

人生是一場馬拉松

曾經和人在劍橋的大 J 聊到，在我舉辦的幾場分享會裡明顯感受到很多家長的焦慮感時，她在微信上寫了下面這段話給我：「**孩子真的會成為你覺得她是怎樣的人；而不是你想要她成為怎樣的人。**」你的內心深處應該有一個堅定相信孩子的意念，**那是你對孩子的初心，而不是去根據世俗的眼光去構築孩子的未來。你發自內心的相信他、你的舉手投足、跟他談話的口氣、對他的所有安排和欣賞他的角度，孩子都會感受到。**

大部分的家長朋友們總是沒有足夠的耐心等待孩子的成長。孩子上課不專心，家長就擔心是不是孩子的專注力有問題？是不是過動？孩子見到陌生人會害怕，家長就覺得他內向。**我們總是太早給孩子下定論，因為成長是需要時間和空間的。**跟大部分的女生一樣，大J也喜歡在假日看韓劇、日劇和柯南、福爾摩斯偵探電影，即使到了要申請大學的高三那年也這樣。起初我有點擔心，跟她聊了之後，她告訴我這是她放鬆心情的一種方式，我就沒再怎麼管她，只要求她不要花太長的時間。

但在一次偶然的場合，我發現她竟能看懂韓文了，還聽得懂一些簡單的對話，讓我這個向來對以線條、方塊、圓圈為主體的韓文一竅不通的人驚訝不已。原來**孩子的任何興趣愛好，我們作為父母的要有極大的耐心去看待，好或不好，留給時間去證明。**

我從沒有送孩子去外面補習，總覺得當你送他去的時候，就是在心裡告訴自己，同時也在暗示著孩子：「你不夠好」，所以你需要額外的學習，這在孩子心裡就埋下了不被信任的感受。書，是要激發孩子自己的興趣和能力來念，而不是透過外力速成；要不然就像吃興奮劑，即使短期有效，藥效無法持久，長期或許也有副作用。

容許孩子犯錯

而且孩子還那麼小，為什麼我們老是說來不及了？有人學步期沒有摔過跟斗嗎？那為什麼你不能放開手？大J曾經在復旦大學管理學院做過一次分享會，她提到當初參加世界學者盃比賽，只是基於好奇心，覺得好玩而已。而且第一次參加，由於沒怎麼準備，結果是輸的慘不忍睹。

但是這次比賽卻讓她發現一個吵架的好方式，叫做「辯論」，這個發現打開了她的眼界，藉由辯論她不再膽怯於人前發表長篇大論，而且越來越有自信。她終於在 11 年級，最後一次參與的學者杯時，入選最後六人的示範賽。當手機錄影畫面傳回時，我簡直不敢相信這個自信地侃侃而談的女生，就是小時候那位不太愛說話的女孩。

試想，如果我在她第一次滑鐵盧的時候就急著否定她，還會有日後站在講臺上，面對 500 多人的場合做辯論示範賽的她嗎？**不在孩子年輕的時候容忍她的出錯，怎能知道如何正確地走下去？**

劍橋大學只是一個開始

進入一所好的大學，是人生的終點嗎？對於過分追求孩子成績和名次的家長來說，可能是的。但我認為這對於孩子的人生來說，這只是一個新的起點。作為家長，**與其過度的干預孩子的成績和名次，不如在視野和觀念的發展上給予適當的引導，讓自己走在孩子前面協助他們看到世界的未來趨勢。**

大 J 去劍橋一年多了，面對來自世界各地的牛娃，她的成績不再是第一名，但也穩定的保持在第二梯隊。更難能可貴的是，她主動參加學校的舞臺劇幕後工作，勇敢的走出自己的舒適圈，主動參與以外國人為主的社團；也接下了學院的秘書長一職，作為學生會代表參與學院委員會和高層的會議。我知道，這些比她讀書一直名列前茅更難。

跟我在 30 年前接受的教育相比，現在宛如發生翻天覆地的變化，這意味著我們作父母的，要跟得上時代急速變化的腳步，具備前瞻思考；如果我們一味守舊，堅持抱著以前的思維來看待孩子，就算孩子順利長大了，未來進入社會，也會面對更加嚴酷的挑戰。

孩子遠比你想像的優秀

2016 年 3 月，應上海的幾位家長要求，我陪著 12 位孩子開啟了一場為期半年的藝術探索。沒有固定的教室，也沒有可供參考的教材。我從不告訴孩子們應該怎麼做，而是引導和激發他們的興趣。透過藝術探索的過程，啟發孩子創造性思維和獨特的眼光，以及在過程中挖掘孩子們的天賦。當課程結束，我問家長們最大的收穫是什麼，他們的回答居然是——原來我的孩子可以做到這些，我從來沒有發現。

在這次課程結束前，我引導這 12 位小學生，自編自創自導自演了一個兒童彩繪公益展覽。為了幫助更多的自閉症兒童，12 個孩子以類似幅射的方向，想盡辦法感染身邊的同學和朋友，找到了 500 位身邊的小夥伴參與公益展覽，12 位小學生身上被激發出的能量超乎家長們的期待與想像。

過程中這 12 人之中的一位年僅 9 歲的孩子，鼓起勇氣寫了一封信給校長，希望能夠在學校的佈告欄裡貼上一張自己親手繪製的展覽宣傳海報。可是，教導主任告訴她學校沒有這個先例，孩子竟

1.國際數學奧林匹克（International Mathematical Olympiad，英文簡稱：IMO，中文簡稱奧數），是國際科學奧林匹克歷史最長的賽事。1934年和1935年，前蘇聯率先在其國內的列寧格勒和莫斯科舉辦中學數學競賽，並把這種數學競賽和體育競賽相提並論，冠以「數學奧林匹克」的名稱，具像地揭示選手間智力較量的過程。

鼓起勇氣回答：「那我們現在開始有了。」。孩子的媽媽驚喜地告訴我這個關於「勇氣」的消息，我對她說，其實你的孩子遠比你想像的優秀。

還有一位年齡稍大的孩子 Isa，在參觀兒童自閉症機構之後，寫下了「慢一點的孩子」，作為她的心得記錄：接觸自閉症兒童前，我覺得他們是自我封閉的，或是對特定的事務特別敏感，但又對其他人事物毫不關心，就像電影「雨人」裡的哥哥。接觸之後，我發覺他們不過是比我們學東西稍慢的普通孩子。他們有些人並不「自閉」，反而很主動很熱情。有些孩子會主動介紹自己，主動地和我們交談。他們不過就是一群「慢一點的孩子」，他們非常想和我們玩，交朋友，只是有時不能很好的控制自己的情緒或力量，或者表達的慢一些，導致我們對他們的疏遠和偏見。

看了這篇文章，我的心裡很感觸，許多大人世界裡的既定又刻板的印象，其實比不上孩子的敏銳觀察和感性筆觸，甚至制約了他們的創意和想像。她還希望，透過我和這 12 位孩子在上海震旦博物館所策劃「繪飛的神獸」展覽的成功，能夠吸引更多的人關注自閉症兒童，進而幫助更多的人了解，並不再害怕接觸自閉症兒童。

看到這裡，你認為孩子不夠閃亮嗎？還是他站錯了舞臺？或許孩子就像星星一樣，**我們從來不曾在白天看到過星星，但當夜幕降臨，我們才發現，他們一直在那裡，他們才是黑夜裡最閃耀的主角。**

堅定地相信

做好自己，選擇權在你手上，做不好自己，選擇權就在別人手上

我家的兩個女兒，我和太太營造了同樣的環境，她們依然展現出很大的差異。我家的老大大 J 安靜，從小愛讀書，是不用父母操心的優等生；老二小 J 活潑但積極主動，學習上不如姊姊那麼優秀；小學期間更曾因為數學科目表現不佳，差點讓她媽媽抓狂。

不做仿製品

對兩個女兒的教育都是順勢而為，我從來沒有刻意為女兒預設進入名校這樣的目標。向來很堅持做自己的我，當然也很希望兩個女兒也都能做自己。而且比起學業成績，我更在意的是女兒們的狀態，在意她們能不能成為獨一無二的個體。

我經常和朋友或在分享會時提出，每個孩子都不同，很多父母會拿外面的標準來套自己的孩子，這是非常可惜的事情。我常常講，**每個孩子都是獨一無二的藝術品，我們不要做仿製的東西。拿別人的標準硬套在孩子身上就像是在作仿冒品，這樣的觀念會害了孩子。**這樣的想法在我進入藝術領域，擔任相關工作時更加強烈。

以當代藝術品做比喻，我認為每個人都有自己的感知，沒有標

準答案。每個人欣賞一件藝術品時，就是用自己當下的反應和過去人生幾十年的經歷去解讀；不需要聽別人講，而是自己感受，這也是在考驗每個人擁有的人生經歷，以及有沒有訓練自己的感知力。

我進入當代藝術領域後，更理解了我們看待每個孩子都應該有不同的角度，他（她）才會成為更亮麗的人，不能套用別人的模子。我們生活在這樣迅速發展的社會，我認為做好自己代表著不被所謂的潮流所裹挾，讓自己對任何事物都能有客觀的判斷，不浮躁、不盲從，沉得住氣，定得下心，堅守該堅守的，才能為這個世界添一分美好。

這些想法說來輕鬆，但對每個人來講都很不易，也很可貴。身為父母的自己，更時時刻刻自我提醒，自己做好了才能正確引導孩子。我會引用一下現實生活中發生的新聞、現象，再用自己的角度、自己的理解做一些說明；我會跟孩子說：妳要讀懂這件事情、這條新聞報導想要傳達給妳的資訊背後的東西。這點非常重要，如果孩子被動地受到太多這種資訊的干擾，很容易誤導他們的判斷能力。所以做父母的要先去理解。當然不要有太多的自己的偏見，要跟孩子講，有可能這樣，有可能那樣，再給予她們自己判斷的權力。

掌握選擇權

我常說，對大女兒最自豪的不是她上了劍橋，而是她可以成為自信地做自己的人。對小女兒，我只希望她做好自己就行；但我清楚告訴她，做**好自己，選擇權就在她自己的手上，但若做不好自己，選擇權就在別人手上**。我以職場作比喻加深她的印象，**在職場上，有能力的人可以選擇別人，若是沒有能力，就等著別人來選擇**。我想我有責任和義務，把這些做人的基本道理，隨著她們的年齡按部就班地告訴孩子們。

對兩個孩子的基本教育，我採用「無為而治」的態度。現在的教育大環境是學校、家長、外面的培訓機構，共同響應著「不能輸在起跑線上」的口號。

我堅持教育就是呵護孩子的自主性，給孩子正確的愛，如果做到了，其他一切都會順利。對眼前的教育現狀，我認為有不少家長是把孩子進入大學的那個結果當成孩子人生的終點，但他們可能忘了那應該是孩子人生一個階段的起點才對。但很多父母容易把考上大學這個階段的結果當作終點來看，以致於有很多孩子僥倖上了那個位置時，早已經精疲力盡了，垮在那裡，忘了後面還有五六十年要過。

人生是一場馬拉松，不是百米賽跑，家長們都懂得這個道理，但總是不自覺地認為跟隨潮流最安全。這樣的結果就變成，家長、孩子用了很多力氣，卻未必如願以償。所以我只想奉勸家長們，多花一些時間，用心地陪伴孩子，用心帶他們理解這個世界，好好地認識自我。

孩子們從小開始到上大學之前，為了考試拚命學習，上了大學，本該是最好的學習機會，卻大把大把地浪費時間，這種普遍存在的現象值得反思。**我認為小學要讓孩子玩，中學可以慢慢地去理解，高中很努力認真地學習，大學反而是拚命的開始。**大 J 在劍橋大學的拚命程度比在高中還要厲害。我可以想像她一人在海外求學的孤獨感，要面對不同文化的衝擊和來自身邊優秀群體的壓力；但她要清楚自己的目標，要怎麼學習，都靠她自己摸索，沒有人教得了她。

用心不用力

我管教小孩的基本理念就是，界限要放得很寬，而底線要非常嚴格地守住。界限寬，就不會在孩子出一點狀況時不安，甚至抓狂；而是以足夠的耐心等待孩子的成長。不過早給孩子定性，相信孩子會處理好面對的困難。另外我想我是受到女兒們很信任的老爸，兩個女兒在初次談戀愛時都會先跟我說，而我的應對方式就是，在心態上保持淡定，就是男的朋友，不必大驚小怪；如果你緊張，給孩子壓力，她可能從此不再跟我們溝通，造成反效果。

女兒願意告訴我，我覺得很棒，為什麼要擔心、責怪？不如用一種正面的心態告訴她，她只要做好這幾件事情，就不管妳，比如不要跟男孩子在密閉空間相處，和男孩子出去要告訴父母，不能犯不該犯的錯，成績不能下降，等等。這也是孩子成長中的一個關鍵點，相信自己用心陪伴過的孩子，給她足夠寬的界限，但底線要嚴守。像是談戀愛這件事，對於很多父母來說，是個頭痛的問題，但是設好界限底線的我可以輕鬆面對，一切都能在掌握之中。

孩子們，犯錯可以，但有些底線絕對不能超越，比如守規矩、要誠實、講禮儀、平等待人……所謂做人的道理、基本的價值觀一定不能有問題。在導引孩子長大的過程中，我會奉行「慢養」策略，給孩子高品質的陪伴，發自內心地相信孩子，正確看待孩子犯錯，用心打造，孩子就能成為獨一無二的藝術品。

相信的力量

唯有抱持開放的心態，隨時和孩子互動、相信孩子，在交互學習過程中，學會真正幫助他們。

聽過或看過我分享陪伴孩子成長的經驗後，有些家長開始身體力行「用心・不用力」的概念； 也有很多家長會在心裡產生許多疑問。有人說，站著說話不腰疼[1]，因為我的孩子天生聰明，所以理所當然優秀；也有人說， 因為從小她就讀雙語學校，所以英文好、視野寬。更有人懷疑，我肯定暗藏某些祕訣沒告訴大家。

其實，我是一個當年大學重考過 2 次都失敗的人，由此可知孩子顯然不是靠遺傳基因走進劍橋；而且長期身處全英文環境的孩子更是不計其數，我也沒有任何動機或理由要隱瞞大家什麼。所以我們需要去瞭解的是這些點點滴滴的背後是由哪些因素構成的，分享者是不是真誠的發自內心？背後是否藏有極大的不良動機，或是誘騙你上當的目的？如果沒有，這些懷疑或擔憂大可不必。

教育需要的是父母的心態

我為女兒們選擇雙語學校的過程有面對大環境的無奈，也是順其自然發生的。當時全家從北京搬到上海才短短一年，多年的飄泊經驗讓我總是沒有安定感，不知道接下來還會有什麼變動；因此考慮到教育問題時，我希望孩子未來如果需要隨著我們變動，就得具備放諸四海皆適用的能力。

當時，孩子如果要上當地的公立學校就得走後門、靠關係；因為臺灣的教改，讓我在考慮台商子弟學校時，內心是猶豫的；但若是讓 2 個孩子都上純國際學校的費用，則是經濟條件不允許的選項，所以能為孩子選擇的似乎只剩下民辦學校。我找到一所當時在上海尚無名氣的民辦協和雙語學校，創立短短三年，整個學校學生不到 200 人；比起上海的一些名校，不知道差距有多大？

後來我只根據幾個判斷就把孩子交給他們，這是因為我認定**教育需要的，首先是父母的心態，而不是學校的名氣。**

1、辦學理念

還記得第一次和太太到學校參加說明會時，感受到接待我們的老師對教育理念的真誠，這種真誠是能感動人的。參觀學校時，也感受到學生在課堂間與老師的互動、下課跟同學的交流，都是非常真實而自然；這些親眼所見而非道聽塗說的事實，加上學校的 slogan：where east meets west，這種東西文化交流的理念跟我的觀念契合，當下心裡已經有了答案—這就是我想要孩子離開家後成長的環境。而那時候 (2003 年) 的我還不知什麼是劍橋？

2、學校規模

我一直有個跟一般家長不太一樣的教育想法，只要學校理念符合我的想法，我看中的就不是名氣而是規模，而且規模越小越好。以前在臺灣，曾經聽過新北市有所小學學生人數超過萬人。當時的我雖然還沒有孩子，但已經覺得不可思議，小學又不是訓練軍人的地方，為什麼把這麼多學生放在同一所學校？孩子們下課不是都擠在一起？怎麼快樂的玩耍，自在的學習呢？他們能有機會和老師互動嗎？

所以我一直告訴身邊的家長，學校越小越適合孩子成長，因為每位老師都可以記得孩子的名字，孩子也能在下課後開心的跟每個老師打招呼、互動。尤其是**孩子從小學時期低年級開始，慢慢適應一個較大的群體，這個過程最好是漸進式的，讓孩子感覺到學校是一個和諧的大家庭，讓他們從單純的家庭過度到逐漸複雜的社會，對他們的心理發展應該是件好事。**

放手讓孩子成長

學校就像一個小型社會，自然也不會是完美的。但是當孩子上學後，每天回來是開開心心的，願意跟你在餐桌上聊起學校的點點滴滴，我的心裡就會完全放鬆下來。當初小 J 要上小學時，把大 J 從一所上海還不錯的學校轉過來，現在想起來絕對是一個最佳選擇。兩姊妹在學校可以互相照應，回家後還有許多共同話題，看到她們天南地北的聊，我也樂的從旁觀察孩子在學校的學習狀態，這也是我當初始料未及的。

到姊姊大 J 赴劍橋大學留學之前，兩姐妹在這所學校共同學習成長 9 年。這中間因為參與了孩子在學校各種形式的活動，從舞臺劇表演、每學期定期的家長會、學校開放日到畢業典禮，還有學校定期透過郵件發來的各種資料，我也從一個對教育懵懂無知的爸爸，蛻變成對國際化教育理念有點認識的父親了。當然**隨著孩子年齡的增長，我也很識趣的把到學校參與活動的層次由參與的數量轉變成質的提升，這一點是很多家長沒有深刻體會到的。**

孩子年幼的時候，例如小學一年級時期，父母要花很多時間；不是用來瞭解孩子的成績、名次。而是要多多瞭解孩子在學校的發展狀況，例如每天是否開心的出門上學？回家後是否願意跟你分享學校點滴？也能從孩子的分享中看出他的狀態，有時候也能未雨綢繆的發現一些可能的問題。跟老師要保持一定程度的溝通，仔細查看孩子帶回來的家庭聯絡簿，並跟孩子共同討論，給出適當的建議。

等到孩子漸漸長大，例如小學六年級時，就要慢慢的把手撤回，這不只是放手讓孩子成長的行為，也是展現父母尊重孩子的表現。只要讓孩子清楚的知道，有任何問題，父母永遠在背後支持他們，就夠了。

現在的孩子極度聰明，也非常希望保有自我的空間，這樣的行為可以**讓他放手去做他想做的事，也可以在心中感受到背後永遠的依靠，我認為這是一個最佳的親子相處模式。**至於每個家庭的狀況不同，一定也會有個別的差異，但是大原則是不變的。

到了中學，父母就要更留意孩子的變化，除了青春期的叛逆，還有孩子在學校的交友情況，因為朋友對這個年齡階段的孩子影響力是巨大的，這也是孩子成長過程中一個非常重要的關鍵轉折點。

學會主動爭取

兩個孩子就讀的民辦雙語學校，隨著上海物價的攀升，學費也一年一年調漲。雖然姊姊在六年級拿到了部分獎學金，學校也有一個很好的「同胞折扣」（兄弟姐妹一起就讀，第二個孩子可以享有一定折扣）政策。但是幾年下來學費調漲幅度慢慢讓我和太太的手頭更緊了些。記得 2013 年年初，收到學費大幅調整的通知單時，我跟大 J 花了很長的時間討論因應對策。在一個週末的下午，大 J 給了我一個很好的建議，就是直接找校長溝通。

這個建議讓我花了整個週末的時間，擬好一封文情並茂的郵件，在週日晚上發給校長，沒多久就等到了回覆，約我幾天後直接到校長辦公室面談。談判的細節和最終的結果，因為和學校簽署了 NDA(Non-disclosure agreement，保密協議) 無法公開說明，但是整個面談過程卻是一次令人極為振奮的體驗，也是我和孩子共同成長的一份寶貴禮物，這不是獎學金的多寡和結果，而是這個重要的過程和體會，對我和孩子造成的巨大影響。

後來大 J 和小 J 也都在各自不同的求學階段，發揮她們各自不同的能力，在不同場合爭取到獎學金，這些寶貴的經驗和積極性絕不是單純的金錢可以取代的。

我在這裡也懇請和我同樣有求學年齡孩子的家長們，能夠**讓孩子參與一些和他們成長相關的重要決定；只有讓孩子多加參與，他們才會在人生的道路上擁有自己的積極思維，同時也能感受到父母對孩子的尊重**。這些點點滴滴，也許才是孩子成長過程中最重要的元素。

這次爭取學費調整討論的起始，是大 J 主動的建議，但是我現在仔細的回想孩子成長的過程中，因為我和太太不斷的積極參與學校活動、因為我鼓勵孩子積極思考，而且兩姊妹就讀的這所學校培養的是具有思考能力的孩子，這幾個原因在這個關鍵時間起了非常大的作用。

一切看似順理成章的結果，其實背後都隱含了一段長時間的醞釀。學費的爭取是這樣，孩子的成長何嘗不是？**長時間的潛移默化**

對孩子做好教育賦予父母的責任，雖然不能立即見效，但是只要有心，最後的成果往往驚人。

向孩子學到父母學

相信學校和老師都是孩子的啟蒙者，都會盡心盡力的為下一代的教育付出。相信孩子的能力，這一點是我在經歷了陪伴孩子成長20年的過程中，向她們學來的。像我這樣年齡的父母們，我們的知識和觀念都是30年前學來的，但是如今整個社會已經產生翻天覆地的變化，**唯有抱持開放的心態，隨時和孩子互動，在這樣的交互學習過程中，才有可能真正地幫助他們。**

我想，我是幸運的。當我們都**對孩子的教育，保持著一種開放而非死抓的態度，並基於希望孩子在一個健康而自然環境成長的心態下選擇學校，應該就會接觸到適合孩子的學校，自然能遇到跟孩子氣場相合的老師，就能讓孩子順著這樣的學習道路成長。**

但是往回看，的確就是如此，你越著急想把送孩子進最好的學校，就會導致急購明星學區的房產、靠關係走後門等等不太正確的行為，而這些行為就會在你的日常生活中產生一定程度的影響和變化，孩子自然而然會感受到父母的脫序行為，這些都會在孩子心中產生日後我們無法想像的結果。

歸根究底，**孩子成長的關鍵因素還是家長的心態。心態擺正了，就算孩子不是最優秀的，但一定會在他的人生道路上產生正面的影響。**以後孩子在面對他自己人生的重大選擇與決定時，也應該會想起當年父母在做決策時的方式與心態。家長也可以根據當時的情況，和你跟孩子的互動，適當的讓孩子知道你做學校選擇的決定時所考慮的因素，讓孩子也適當地參與討論，可以讓孩子有參與感，這對親子關係也具有積極而正面的意義。

1.「站著說話不腰疼」，這句俗語來自於先秦秦孝公和商鞅的故事。秦孝公寵臣景監引薦商鞅給秦孝公，兩人暢談治國大事。當時孝公端坐，商鞅、景監長坐（把膝蓋跪於地雙足墊於臀下），自晨昏暢談至日暮，君臣並無結束之意，景監向商鞅暗使眼色，但商鞅並不理會，直至二更才結束。景監對著商鞅說：「我跪得渾身都麻木了，酸軟如泥，你倒站著說話不腰疼。」，現在被人們用來形容不體諒別人的難處，只說風涼話。

當孩子的伯樂

你永遠都醫不好裝病的孩子， 如果你不去瞭解他的心病。

現在大多數家長的焦慮普遍來自於認為孩子的學習表現、生活習慣、生活能力的不足，其實每個人都不是完人，包括身為父母的我們，既然如此我們又何苦逼孩子處處完美？但**儘管每個孩子都不完美，但老天爺也會賦予他們一個獨一無二的特質或天賦，有賴於父母去挖掘、去開發這個屬於你自己的寶藏**。既然每個孩子都有獨特的天賦，若把孩子比喻成千里馬，作為伯樂的父母們要如何去挖掘？又該如何去發現？就變得相當重要。

千里馬要跑得遠

千萬不要讓你的孩子除了讀書之外什麼都不要管。有句話：Tell me and I' ll forget. Show me and I may remember. Involve me and I learn. 特別適合用來讓父母學習如何做一個好伯樂！在我的觀念裡，**所謂的千里馬，不一定是要跑得多快，而是得跑得夠遠**。所以我眼中的千里馬，就會出現在各種領域，不會侷限於傳統觀念的數理化；我也**秉持著因材施教的態度，讓孩子朝各自的興趣愛好去發展**。

在一次教育分享會中，有家長問小 J，有一位這麼優秀的劍橋姊姊，會不會有壓力？她面帶微笑且充滿自信的回答，我很崇拜姊姊，但我要走自己的路。或許這樣的心態已經反映在她選擇參加 MUN 模擬聯合國，而不是姊姊一直參與的的學者杯作為她課外活動的結果上了。

我們如果忘記傾聽孩子的聲音，去瞭解個性的不同，只是單純的用我們大人世界裡的世俗角度去安排孩子的學習方向，規劃他的人生路徑。說穿了，我們只是在滿足自己的虛榮心。沒有一個人是完美的，不要求完美的孩子，我們應該都知道，但我們卻在養育孩子的過程中，犯了這個最大的錯誤！**你不允許孩子犯錯，也就意味著他沒有嘗試錯誤的機會。**

但**放寬我對他們學習的要求，不代表我對他們放任不管。我對孩子的要求不是成績與名次，而是做人做事的原則與態度，這條紅線是我絕對堅守的。**舉個例子，每個孩子都愛玩，這是天性，我也允許。但是會有底線，例如時間，例如先後順序，例如誠實。前幾年有個 Game Boy 遊戲機很流行，2 個孩子也有，我的底線就是要求她們先把功課寫完，就有玩的時間和自由，我告訴孩子必須嚴格遵守規則。

有一天我提前回家，發現了兩姊妹沒有遵守規定，偷偷玩遊戲機，我很嚴厲的訓斥了她們，並且拿出了家法的小黑手，打了她們手心，也是唯一的一次。從此姊妹倆就不敢再犯。

這就是我所謂的堅守底線，我告訴孩子，**想要自由，就先自律。一旦觸犯，決不寬貸。**

多年前我買了不帶電話功能的 ipod Touch 給小 J 作為她的生日禮物，但和她約法三章，絕對不可以帶到學校！有一次我發現了她偷偷帶到學校去，我不動聲色，也不再生氣，只輕輕的要求她交出來，沒收一個星期。她知道錯了，也認識到嚴重性，嘗到犯錯的後果，從此就不會再犯。

如何當孩子的伯樂

每個人天生都是藝術家、文學家，或至少可以是位藝術鑒賞家、美學實踐家，但在人群中，卻只有極少數天賦異稟的人能成為頂尖的科學家。這也是美國非常強調通識教育，又能培養出各行各業頂尖人才的原因了。因為他們知道，科學很重要，但並非全部。真正的伯樂是要能不斷的找出每一匹千里馬的差異，給予不同的訓練與輔導，最終讓它們都能盡情的奔騰，恣意地跳躍。

到底如何才能成為慧眼識英雄的伯樂呢？

- **父母必須具備前瞻的眼光與國際化思維**

世界已經是個地球村，孩子們可以隨時隨地掌握來自各種領域的資訊，但需要給予正確的價值觀以分辨哪些是有用的？哪些是有害的？這考驗著所有父母對孩子平常的教育，自己更需要擁有前瞻性的眼光。因此父母得讓自己多多參與各種社團、公益組織和活動，能開拓自己的視野，讓自己成為一個終身學習者，並影響到孩子。

- **不斷修煉自己，讓自己變得很有朝氣和活力**

讓自己涉獵廣泛，勤奮學習。伯樂必須讓自己看的更遠、更高，才能指引千里馬一個正確的方向。我在 40 多歲的「熟齡」進入復旦讀書，只是想圓自己一個夢想，告訴自己活到老，學到老。後來在寫論文那三個多月，幾乎天天晚上伏案寫作，孩子經常跑過來問東問西，我也樂於跟她交流。直到近日，我才突然發覺，這個過程，似乎也對孩子在自我學習上產生了一定的作用。

2014 年更為了給自己的 50 歲留下一個回憶，我隨著學校走進戈壁，為了那短短 28 公里，我在半年內努力的訓練自己的意志力，在戈壁一個人獨跑時傾聽自己內心的聲音，順便回顧自己走過的 50 年人生，在最後一天迎接各路英雄歸來時，我自己也得到了許多感悟。回來之後，週末孩子會隨著我一起去跑步，我想，這也或多或少都跟我的戈壁行有些關聯。這種潛移默化的效果是我當初想都沒想到的。

• 在你專業的領域，擁有一定的影響力

放下身段和孩子交流，嚴格的要求我會有，但跟她們像朋友一樣的嬉笑玩耍我也會，只有這樣才能讓孩子服你。若你是一個企業家，就讓你的孩子去看看你的公司和產品，看看你的員工，學習你的企業家精神；你是一位藝術家，就讓孩子參觀你的工作室，參加你的展覽，帶他去美術館，讓他感受一切來自藝術的影響；如果你只是一位白領，沒關係，就努力工作，並告訴孩子你正在幫公司創造最大價值，同時告訴他，賺來的錢是用來提供他的學費和一切家庭開支！

若你只是位家庭主婦，也沒關係，就努力學習廚藝，讓餐桌上的菜更有藝術性，甚至變成米其林餐廳，讓你的孩子愛上你的菜，你的手藝，你的專注，你的用心。你還可以學習花藝，茶道，瑜伽，繪畫，總之讓自己變得有趣，有意義，有目標。 讓孩子欣賞你，崇拜你，仰慕你，從而找出他自己的興趣和愛好！

做到前面這三點，是讓你在孩子面前擁有足以影響他的能力，這個能力不是來自父母本身的威嚴，而是建立起你在孩子面前的正面形象，你才能用最短的時間，最少的力量，發揮你對孩子最大的影響力。

別去在意世俗的眼光

最後也是最重要的，是擁有一個欣賞並挖掘孩子天賦的眼光。這是最細緻，也最難的部分。我當父親 20 年，又從事當代藝術工作多年，學會了經由欣賞藝術品的角度，去挖掘孩子不同的能力，也學會去欣賞 2 個孩子所具備的不同特質，給我帶來的喜悅！**現在的孩子都絕頂聰明，都有自己的想法，你是無法看透他的腦袋在想什麼？讀不懂他的心思，除非你跟他站在一個頻道上。**

我和太太都不是虎爸虎媽，跟大家一樣都是再平凡不過的人，我甚至大學都考了 2 次，但是**只要大家把看待孩子的焦點放遠，不糾結於眼前的成績，培養自己一雙善於發掘孩子天賦的眼光，你可以和我一樣陪孩子走的更遠，然後目送他們迎向未知的挑戰！**

我也沒有「過去我沒做到的目標，希望孩子能實現」的想法，只是覺得一個好的教育環境能改變孩子的未來，我也把學習當成終身的目標，在人生道路上去踐行，也把這個精神傳達給孩子們。而我也認為給予孩子自信與愛是做父母能夠給予孩子的最基本要素。而自信是一個很奇妙的東西，**「當你相信你可以」時，一切都將發生驚人的改變！**你相信孩子，他就自然的朝你相信的方向前進！。

我的兩個孩子一個內向文靜，喜歡思考研究，個性沉穩，有獨特觀點；一個活潑好動，處事積極，擅長察言觀色，喜歡下廚房。這樣的姐妹組合其實很好玩，等於家裡有個喜歡研究學問的專家，我有問題可以找她討論，而另一位常常在廚房玩出新花樣，讓我大飽口福之餘，又驚豔於她那不知從何學來的手藝！誰說每個孩子都得是學霸？

正如2016年上海余德耀美術館展出的賈科梅蒂[1]回顧覽，一般人初看這位20世紀最偉大藝術家的作品時，總覺得作品表面粗糙，五官都做得不細緻，作品顏色暗淡，非黑即白，怎能算得上是偉大的藝術家？但是當你從不同的角度、距離、光影下去細細品味他的作品，從歷史的角度去看待當時他所處的藝術環境，就會發現他的作品不但具有劃時代的意義，也蘊含一般人所不易察覺的孤獨感，更能給你帶來一種安靜沉穩，又耐人尋味的哲學意境。這也告訴大家一個事實，好的藝術家，好的藝術品，不一定是亮麗好看，華麗動人的。

就像我的藝術啟蒙老師陸潔民說的：「只要具有時代意義，只要具備改變一代人欣賞眼光能力的，就能被稱之為藝術大師！」

所以若你的孩子特立獨行，需要作為父母的我們擁有智慧的頭腦和高度欣賞的眼光。套用大文豪泰戈爾的一句話：別去在意世俗的眼光，因為「花將一路盛開」！做父母的，只要把握這些原則，努力讓自己變的博學多聞，有趣有愛，成為獨具慧眼的伯樂，你的孩子絕對是那匹與眾不同，獨一無二的千里馬。

1.阿爾伯托·賈克梅蒂（Alberto Giacometti），1901出生於瑞士，被譽為二戰後歐洲最偉大、最富於表現力的雕塑家、油畫家、素描家和詩人。成就最大的是雕刻，作品反映了第二次世界大戰後，普遍存在於人們心理上的恐懼與孤單。

把握孩子成長的關鍵轉捩點

在孩子受挫時給予正確引導，把可能的劣勢扳回來，同時讓孩子知道父母永遠在他們背後做後盾。

有很多家長朋友常常來問我，如何教養2個自信做自己的孩子。一開始我不知道怎麼回答，只覺得不要給孩子過多的約束，在相對寬鬆的教育體制下讓她們自在的學習和成長就可以了。

但是他們接著又問，那為什麼不是所有在國際化教育體系下的孩子都能這麼綻放呢？經過了幾次的家長分享會，我自己慢慢的回顧這 10 多年來跟孩子的相處，後來我發現了一個重要的因素，這就是我想分享的「關鍵轉捩點」。

公開讚美私密檢討

每個人一生都會有很多面臨抉擇的三岔路口，也有很多的成功與失敗的經驗。自從第二次世界大戰以後，人類迎來了歷史以來難得的一段和平時期，經濟隨著科技的進步有了大幅度的改善，尤其是在東亞的日本韓國台灣與大陸尤為明顯。所以現在的孩子在成長的過程中，一般來說沒遇過太多的挫折與磨難，有著比他們上一輩子更加優渥的生活條件。對於我的兩個女兒，我唯一能做的就是在她們羽翼尚未豐滿時，提供必要的生活照顧，優質的教育資助，接下來我能做到的就是告訴她們大學畢業後要靠自己的努力去工作，去體驗賺錢的滋味；如果想繼續念書，等她們有了餘力和經驗，隨時再讀也不遲，我個人是反對為了讀書而讀書。

而在她們求學的過程中，因為我沒有強大的家庭背景，沒有自己的事業支撐，所以對於孩子的成長，我特別關注可以用什麼方式提升她們的自信。因為我不可能幫她們一輩子，能給的就是回到萬物成長的本能訓練。在動物世界裡，老鷹就是負責在外覓食，餵養雛鷹，獅子老虎等動物也都是如此。人類貴為萬物之首，即使進步了，但是這些基本的能力和生存之道一樣要傳給我們的後代。而自信是我能夠給她們的，這就牽涉到在孩子成長的過程中，你如何點點滴滴的建立她們內心的強大。

我的做法是，在她們有一點小小的成績或表現優異，我就會把這個結果放大千倍萬倍，並發自內心以實際行動，讓孩子知道我這個做父親以她為榮，為之驕傲。或許也因為自己接受傳統的教育薰陶，2 個孩子又接受融合東西方觀念的教育體制，我深入觀察多年後，發現兩者之間有極大的差距。**我們不要認為只要把孩子送到國際化教育體系下，孩子就能全然走向國際；如果作為父母的我們不能從心底改變我們自己的教育理念，孩子最終的發展還是會被傳統的儒家思想牢牢的綁住。**

我不是說儒家思想就一定不好，西方精神就一定多高尚。但是西方崇尚的自由主義精神，很大程度體現在他們在各種鼓勵孩子的行為上。我的 2 個孩子在成長過程中，跟其他大部分的孩子一樣，都經歷了大大小小的各種學校和課外的活動，也或多或少的拿到了一些獎狀或獎牌。我想每個孩子小時候都很優秀，都很出色，只是在她們各自成長的過程中缺乏鼓勵與喝采。大多數父母都會特別專注如何彌補孩子的不足，但在這個過程中，就會不斷在言語和行動上告訴孩子要去加強他不擅長的課程，或是要改進這樣那樣的缺點，以至於安排孩子上各種補習班，限制孩子各種成人眼裡認為的非正規活動。鮮少有父母願意去多發覺，多鼓勵孩子的強項和優勢。

做最強的後盾

傳統的教育觀更告訴我們不可張揚，必須低調。以至於孩子的天賦與特點就這樣一點一滴的被埋沒、被忽略、被壓抑。我就是利用一個一個特殊的「關鍵轉捩點」抓住了大部分的機會。例如我在小J剛升上初中，取得學校的獎學金時，就同步加碼，並親自帶她到銀行把這筆對她而言數額不小的金錢，存到她的銀行帳戶，但是歸我們保管，並告訴她這是以後將用來支付她的學費。除了激勵她更努力讀書之外，還讓她明白我們是如何看待金錢和獎學金這件事，用這些細節和生活上的點滴刻意的保護她們各自的特質，鼓勵孩子向上的動力。

另外姊姊在申請大學的過程中，不走美國路線，不找仲介這些事，我不斷的強化這些印象給妹妹，但並不給她任何學業上的壓力，只告訴她好好的做好自己；今天她才能在學校活動的組織與課外的拓展能力上，走出姊姊的陰影，超越姊姊的高度。我想，上帝給每個人的天賦都是差不多的，只是每個人都不一樣。

而偏偏**在世俗的認定中，孩子在成長過程就只有學業功課名次，這些對她們出了社會就不太管用的訓練；卻忽略了積極主動的精神和溝通和社交的能力，才是她們以後能不能出人頭地的關鍵。**而我正是看到了小J有這些和姊姊不一樣的特質，就順勢鼓勵她往這方面發展，而她也憑著一股不服輸的意志在姊姊離開家裡之後，牢牢地抓住了這個契機，表現的越來越出色。

除了參與孩子的學校活動，還用各種方法在孩子獲得很多看來微不足道的獎勵時乘勝追擊，把這些成果牢牢的刻印在孩子心裡。**在孩子受挫或犯錯時，給予正確的引導，把可能一敗塗地的劣勢扳回來，同時讓孩子知道父母永遠在他們背後做後盾。**

雖然妹妹小時候我就告訴她，不會要求她跟姊姊一樣在學習上如此出色，只要她對自己擅長的領域全力以赴就可以，但在大J順利申請劍橋大學，並以超越劍橋大學要求的分數門檻許多的IB 滿分成績時，我還是曾經一度擔心小J會承受極大的壓力。但在2016年初的一場家長分享會裡，我邀請她一起向家長們說明MUN（模擬聯合國）的精神時，有家長問她，姊姊這麼優秀會不會給你帶來壓力。她回答：「我很崇拜姊姊，但會走自己的路」時，我終於放下了心中的石頭。

她在2016年轉學到另一所上海的英國制高中就讀，9月底第一次的成績報告出爐，雖然沒有達到老師設定的預期目標，但是她很自信的告訴我這是給未來留出成長與進步的空間。她同時也告訴我，她申請學校Head of House的結果也在當天出爐，如願地達成目標，成為了Stanley House的Head，讓我繼續以仰望的角度去看待當初一路跟在姊姊旁邊的她。

給答案比提問重要

2016年10月初，小J剛從原來的雙語學校轉學短短的一個月，一天下午被以前帶她入門的老師Casie由杜拜發來消息，告知她已被 CISSMUN 組織任命為 2017 年一月份在上海浦東某國際學校舉行的模聯 security council 會議副主席。這位來自美國的老師自她參加 MUN 活動 2 年多以來，一直指導她，雖然已經在 2016 年暑假離開了上海，前往中東的杜拜任教，但還是非常關心小 J。

我事後問了孩子這件事的原委，才知今年轉學到上海另一家國際學校後，曾經問過學校負責模聯組織的老師，校方是否會組隊參與 2017 年 1 月份在 CISS 舉辦的 MUN，但是一直沒有正面得到回覆。後來她主動上網查詢了活動官網，報名已經截止，這表示由學校組隊參與的可能性已經為零。於是她就自己主動上網填表申請成為主辦單位的一員，職務是她最為擅長的 security council。沒想到會由人在中東杜拜的前任老師看到主辦單位官網公佈的消息而主動發給她的。

我曾經在我的另外一篇文章中提到，哈佛大學創新研究室的瓦格納教授曾經在 2014 年於杜哈舉辦的世界教育創新論壇上有過這麼一段發言：**「4 歲的孩子平均每天會問 100 個問題，大多數上幼稚園的孩子都覺得自己是藝術家，可是等到孩子到了 12 歲時，就開始明白給出正確答案比提出好問題更重要。」**在人類有歷史以來，那些擁有大量資訊的人往往主宰著一切。而大學文憑也意味著我們比其他人可能掌握著更多的知識。但這種因為掌握知識的競爭優勢正迅速消亡。因為資訊，甚至知識，都已經變成了一種完全免費的東西了，就像空氣一樣。所以未來比的是創意，比的是溝通，比的是抵抗挫折的能力，比的是組織與整合的能力，不再是那些過去我們認為的學術成績和信息來源，因為這些靠死記硬背得來的知識，已經逐漸變得一文不值，唾手可得。

每個人的一生都有許多選擇，尤其是孩子成長的過程大部分都是跟著父母的安排一步一步成長，今天選擇了這一項學習能力，一定需要放棄其他才能，不可能兼得。當孩子學業成績不如別人時，你是死盯著他要削破腦袋迎頭趕上別人，還是仔細琢磨孩子是否還有其他方面的能力，並且保護他不被世俗的標準打壓，呵護他朝自身天賦的目標大步前進的勇氣，可能就是孩子能不能有自信，有目標，有才華，最終出人頭地的原因了。

不要操太多心

生命自然會找到自己的出路。如果你學會放心、放手，孩子一定比你想像的更優秀。

學過一點管理學的人應該都聽過《藍海策略》這本管理經典書籍，我雖然學過管理，也順利拿到了學位，卻從來沒想過這個策略能跟教育扯上關係。我們從小到大都聽過太多經典名句，讀過太多名人傳記，但是大部分都教我們跟前人、跟成功者學習如何成功、如何跟隨潮流。但很可惜，我們都只學到了皮毛，卻忽略了不能全部照抄。

所有別人的成功經驗，都不是我們可以全盤照抄的。他的出身、他的背景、他的個性、他的境遇，都跟我們不一樣。只有一個可以學的就是，他們做人的精神，他們處事的態度。教育這件事也一樣，我的女兒大 J 去了劍橋讀書，並不意味你也要送孩子去那裡讀書，或是以這個標準去看待孩子。讓我複製另一個大 J，也不見得能再進劍橋。

可是你可以**讓孩子有自己獨立思考的能力，可以允許他做一件跟別人不一樣的事；我們要做的是呵護他的靈魂，允許他們犯錯，規範他的做人處事原則，並保護孩子不受世俗觀念的影響**。以當初大 J 選擇英國的大學，放棄美國大學這件事為例，就像在森林裡的小樹苗，我不要讓他跟別人一樣往同一個方向去生長，我只要做好一個巡山員的角色，保證不受濫墾濫伐的山老鼠干擾；而不要做一個在溫室裡天天灌溉施肥的園丁，那麼森林裡的小樹苗終會成長為參天古木的。

從管理學上說，藍海意味著不走尋常路，我一再提到，**人多的地方不是好取暖，與之恰恰相反的是，跟著潮流走，孩子不會有風險。但短期沒有風險，並不意味著長期會是一直平安快樂的。做自己非常好，但要父母堅定的支持**，這個支持絕對是不容易的。正因為如此，**父母要能判斷大方向，要做一個掌舵人。而不是幫孩子去划船，去使力。**

當初幫小 J 選小學之前，我就發現當時就讀小學三年級，成績很優秀的大 J 太壓抑不快樂。所以做了個決定，幫兩姐妹兩選擇一所當時並不出名，在上海剛成立的一所雙語小學，避開了大家認為的安全又穩妥的學校。按照世俗的認定，大 J 在原來的學校，每年都當班長，每年都拿獎學金，換成任何一位父母都不會輕易地將孩子轉走。轉學，意味著風險。尤其是一所當時成立不到三年的學校，還沒有一個完整的體系，當時也沒有高中畢業生，這同時意味著我們要讓大 J 重新來過。但，**教育一個孩子，把握大方向最重要，重來，又如何？**

但現在回想起來，可能正是這個藍海的策略，讓孩子一步步走向劍橋這所有著 800 年歷史，全球排名長期位居前五名的學校。過去幾年，大陸的北上廣深及各大城市的父母，不約而同的正在幫自己的孩子尋找一條通往美國名校的道路。這個趨勢看似驚人，其實也有其道理可循。一來**過去 20 多年來大陸的經濟大步成長，超越了全球，也是歷史上發展最快速的一個時期。背後是一個禁錮了**

數十年的全球最大人口數的國家，這也意味著大家拚了命的想要求發展，但是精神層面和教育質量就很可能是被忽略了的。

加上西元2000年後在中國出生的孩子，基本上都是手機一族，獨生子女，沒有吃過一點苦。所以傳統的體制教育在沒有改變的情況下，大部分的學生都無法繼續適應傳統學校高強度的學習壓力。大家繼續走向紅海，跟隨大潮。導致這條通往「成功」的道路上越來越擁擠，前途路茫茫。

大J恰好在這樣一個大環境下轉了一個大彎，避開了傳統的學校，避開了大家都嚮往的美國，避開了大家都想選讀的金融，經濟和商業。讓自己在一條人不多的道路上走得從容，走得自在些。說實話，我真的挺佩服她這一路的堅持，沒有這份堅持，她也走不到今天。學校，是在我的觀察和體會之下做的決定，但是後面的幾個決策是孩子在這樣的大方向底下的堅持，你說誰更重要？

跟著趨勢走，並不意味著安全，就像在一個國際教育論壇上，一位英國籍老師認為**家長是世上最好的教科書，只要做好父母應有的職責，不要迷信名校和名聲，即使孩子不在小學階段出類拔萃，一樣會平安快樂的成長，甚至可以自己在家教育孩子（Home schooling），還能更多的受到更多前瞻教育理念和國際化視野的薰陶**。雖然我做不到讓孩子在家學習這一超前思維，但女兒們的觀念和價值觀，或多或少的被我影響。看到今天她們各自的發展，我還是很欣慰的。

這個論壇還有一個主題的題目特別顯眼：「假如你對教育的認知都是錯的？」，這句話真的非常吸引我。說真的，我們大多數的人都以為教育，就是把孩子送進大學，一路讀碩士，拿博士。就完成了我們的使命。但是我們也都明白現在滿街的博士，求職也並不容易，關鍵就在讀博士之前，孩子知道自己為什麼讀博士？是為了求學問？還是只是逃避工作？臺灣的教育改革是滿足了學校高層的名或利？恐怕只有他們自己最清楚了。

整個臺灣好不容易多年來培養出的技術職業教育體系，被升格成大學的誘惑統統化為烏有。如果我們真的為了下一代，為了臺灣長遠的發展，就應該做個分流，該讀大學的讀大學，該進入技術職業體系的就去好好的學一門技術。否則幾十年後的臺灣會是什麼樣子，我真的不敢想。觀念傳統的父母都認為孩子進了學校，教育的事就應該交給學校負責。其實，孩子在他 18 歲以前影響他最重要的人就是父母，而不是老師。老師要面對的起碼數十人，而父母，才是影響孩子一生最重要的關鍵人物。

教育，絕不是指發生在學校的那些事而已，還有許多我們日常生活該注意的事物。這就是我前面提到的「假如你對教育的認知都是錯的？」這個觀念。**「教育」最早的詞語來自拉丁文「educate」，原意是引導，是啟發。**不是傳統意義上的到學校去上課。**如果你有能力挖掘出孩子的潛能與天賦，並適當的引導他，那麼你就是偉大的教育家。**只有認知到這一點，父母才會時時刻刻去關注孩子，去陪伴孩子。**學校，不過是教孩子認字寫字，背誦記憶，如此而已。最偉大的任務還是需要我們做父母的去觀察，去實踐。**

未來的社會變化真的不是我們以前認知的那樣，而且只會越來越競爭，越來越多變。如同大家所知道的，**唯一不變的就是變的本身，只是我們的孩子能不能適應這個變化。**如果你現在讓孩子讀死書，未來一定被機器人或人工智慧取代；如果你打擊孩子的信心，他也可能遇到挫折就一蹶不振。怎麼辦？只有讓孩子自己去面對所有的一切，你就安安心心的做自己的事，就像我們的父母一樣，不要操太多的心更不可能操錯心。侏羅紀公園其中有一段不是這麼說嗎？：Life will find its way ！只要你真的這麼去做，孩子一定比你想像的更優秀。

從茶道學會自信與堅持

學習日本茶道最大的收穫是，長時間的跪坐學習都能堅持，還有什麼是令人無法忍受。

大 J 在復旦大學分享她人生成長經歷前跟我聊到，她學習日本茶道最大的收穫其實是，連這麼長時間的跪坐學習她都能堅持下來了，還有什麼是她無法忍受的，這也是她對自信的一種訓練！很多時候我們對一件技能的學習不必抱持太強的動機與目的，透過孩子的自省與學習，反映出來的、學習到的，才會深植她的內心、跟著她一輩子。

跪姿練習忍耐

第一次喝日本茶已經是 10 幾年前的事了。那一年，全家到日本旅遊，記得那是在一座寺廟外，簡單的棚子裡放了幾張長凳子和幾把椅子，模糊的印象裡，那茶碗簡直像我們吃麵的碗那麼大，還搭配著幾個和果子，茶喝起來還有點苦澀的滋味，當時的我很不理解這樣的味道。一直到五年前，大 J 因為想參加學校的一個 DOE（Duke of Edinburgh，愛丁堡公爵獎）專案，需要學習一項技能，在一位中日混血的同學引導下，報名了一位日本朋友介紹的茶道課，我才開始去瞭解什麼是日本茶道。

沒想到，那位同學在第一次上課前臨陣脫逃，聽說是她的日本籍母親覺得學茶道沒什麼用。大 J 在無人陪伴，日文聽說讀寫能力也非常欠缺，隻身一個人，以最小年紀，全班只有她一個不是日本人的背景下，開始從基礎學起。半年多以後，她們迎來了第一次公開表演，因為完全依照日本傳統，喝茶的過程全部都需要跪著，可想而知，對一個從沒經歷過在榻榻米上跪著超過一分鐘的我來說，簡直痛不欲生，渾身不對勁。

幾分鐘以後，全身上下就不停的扭動、變化姿勢，以求取片刻的舒緩，但這些舉動都逃不過那從四歲開始就學習茶道的日本老師，弄得大 J 有點尷尬。老師還特別向大家介紹我們來自臺灣，是大 J 的家人。已經忘記我當初是怎麼熬過來的，以至於根本無法專心觀看老師泡茶的過程與動作，只記得整個過程寂靜無聲，我們全家被圍繞在數十個日本人中間，戰戰兢兢的喝完那碗不知愁滋味的日本抹茶。 而這難忘的第一次，大 J 作為新手與見習生，就這麼陪在我們旁邊，偶爾解釋動作給我們知道，唯一的差別就是她身穿老師幫她著裝的和服。

靜心的藝術

一年後，第二次的茶會在上海外灘著名的半島酒店舉行，作為唯一的非日本籍學員，老師竟然指定大 J 作為第一場茶會的主角，這個舉動讓我非常訝異，也有點興奮。我想，如果老師不是很滿意她，絕不可能把這個重責大任交給她。因為每一場茶會，都有近 50 人的規模，而且幾乎都是日本人，那種規格，那種要求可想而知，更何況是擔任先發。

第一場被安排在大約上午 11 點，當天老婆一早 8 點就帶著大 J 先到半島酒店進行梳頭、和服著裝等各項前置作業，我則帶著小 J 約略 10 點半抵達。報到之後，我們被安排在第一排，才坐定，老師就領著大 J 出場，然後她在一名操著不太流利的中文的日本同門師姐翻譯下，向大家介紹了今天第一場的茶師：大 J。然後大 J 就開始了她大約 20 分鐘的日本茶道表演。只見她每個動作都做的有板有眼，不疾不徐。雖然我根本看不出來她的動作是否符合標準，但整個過程絕對如行雲流水般的令人賞心悅目。老師在向大家解說茶道的過程中還是不忘向大家介紹我們是來自臺灣的大 J 家屬，我們也回以點頭示意。事後大 J 告訴我，整個過程她其實緊張的連頭都不敢抬起來。

那天的茶會總共安排了五場，大 J 結束她的第一場的泡茶後也沒閑著，她被安排去端茶、送點心、收茶碗、做收付、當接待。忙得連午飯都沒吃，可是我能感覺她非常樂在其中，和那些日本的學員太太們相處的很好，大家也都很照顧她，即使那時候大 J 的日文還是非常一般。我當然明白，學習日本茶道並不能當飯吃，以後可能也沒有太多機會表演，但是這幾年下來，可以感覺她的心更能夠靜下來，看事物的角度也更寬廣，這可能是日本茶道給她的薰陶所造成的。難怪日本過去的主政者，都需要把茶師作為他們的參謀。

茶道的美學涵養

經過了整整三年的堅持，終於迎來了大 J 的第一個日本茶道的授證儀式。說是儀式，其實也是一個泡茶的過程。唯一不同的是，今天是老師泡給她喝！但這個過程我們不能參與，一直在外面等了很久，直到儀式結束後，我們才被通知進到屋內。但好戲正要開始，老師告訴我們，接下來大Ｊ要親自演練一次日本茶道，主要是給父母觀賞、享用。因為知道我們不懂日文，特別安排一位略懂中文、同為日本籍的女大弟子在我旁邊說明與翻譯，讓我覺得有點尷尬。

因為對日本茶道的細節完全不熟悉，從如何拿起茶碗、如何轉圈、如何觀看茶碗的花紋、如何與遞送茶碗給我的人互動與示意，都有詳細的步驟，細數下來可能都有數十項！所以整個喝茶過程讓我很不自在，額頭頻頻冒汗，就怕出錯，但也只能在旁人的引導下微笑著把三件日本小點心和大Ｊ親手做的綠茶，用很優雅的動作緩緩的喝下。

雖然喝茶的過程令我有點壓抑，但可以感受到老師對大Ｊ的教導非常細緻，也很疼愛她，或許這是她在中國收的第一位台灣女弟子，也或許是我們去年底幫老師介紹了我們以前在北京的朋友，讓老師現在也開展了她在北京的合作專案。聽說老師在北京的合作對象是一位在臺北永康街非常有名的李老師！在離開時老師還特別送了我們兩件非常貴重的禮物，分別是穿戴在和服外面的腰帶，還有一條織的非常精緻的小手巾。這一天，上海天氣晴朗，上課地點外面還有幾株櫻花，老師還特別貼心的讓大Ｊ穿著和服與我們到戶外拍照，留下來很多美好的回憶。

我想，日本茶道學的不只是技藝，還是一種美學的涵養與堅持的精神。無論大Ｊ以後還會不會繼續學習茶道，我相信日本茶道傳遞的優雅與美學已經深深留在她的記憶，永不退去。

尋找藝術能量

不學高深的繪畫技巧，而是引領他們沉浸在藝術氛圍裡，讓藝術自然感染孩子們的內心，孩子就會知道根據自己的喜好，找到屬於自己內心的藝術能量。

因為對於教育的關注，讓我在 2016 年產生動力，應邀舉辦了人生第一次的藝術探索營，當起老師。一開始，我思考的問題是，繪畫並非我的專業，純粹的繪畫技巧訓練也不是我想要教給孩子的藝術課程，那什麼才是我能給孩子們的？

藝術感染內心

我想起 2014 年陪女兒到劍橋大學面試時，帶她去倫敦國家美術館參觀，她站在法國後印象派畫家修拉[1]的著名作品「大碗島的星期天下午」前面，讓我為她拍了一張照片。當時她站在作品前面凝視很久。後來走到印象派畫家莫內的作品「日本橋」前面時，她還拿起手機撥給在上海的妹妹，透過視頻將這幅作品即時傳送給妹妹。兩個人還輕聲細語的聊起來。這個舉動給我很大的感觸，我心想，是什麼樣的動機和背景，讓她會這麼做？

後來我想到，過去幾年我在籌畫上海城市藝術博覽會時，兩姊妹也曾充當義工，除了協助我英譯策展徵求作品的相關文件及寄送數萬份邀請函，還到展覽現場當起英文翻譯志工；還因此促成了一位荷蘭的畫廊老闆和參展畫廊的合作。當然免費參觀藝術博覽會就是她倆的志工福利之一。基於自己孩子的經歷，我認為**真正能給孩子的，不是高深的繪畫技巧，而是引領他們沉浸在藝術氛圍裡**；透過我設計的一些環節，**讓藝術自然感染孩子們的內心。然後每個孩子就會知道如何根據自己的喜好及興趣，找到屬於自己內心的藝術能量。**

一年多來，我帶藝術探索營的孩子們和家長們走遍了上海各大博物館，美術館、藝術家工作室，還去了一趟浙江的烏鎮國際藝術節[2]；甚至還曾飛越臺灣海峽，二度前往臺灣進行藝術之旅。一路走來，雖然辛苦，但我不以為意，因為孩子們藝術的任督二脈已被打通。看到孩子們的改變，我反而深深被自己所做的事打動。

藝術是孩子的天性

我想找出一個有別於傳統的藝術教育模式，因此我的課堂上不教繪畫技巧，而是讓讓孩子沉浸在藝術場景裡，講講藝術史、偶而一起動手創作，或是陪他們開心的玩；也給了他們一些看似有難度，卻能激起他們內在動力去完成的課題。

隨著日子一天一天過去，藝術在他們身上慢慢出現變化而且在外在呈現，這是我當初設計這些課程時，所始料未及的。

因此我一直思考著，到底是什麼魔力？能讓孩子們這麼投入，這麼喜歡和我這個不是老師的老師玩在一起？後來我想明白了，原來藝術是每個孩子的天性。

哈佛大學創新實驗室教授瓦格納教授，在 2014 年於卡達首都杜哈舉辦的世界教創新論壇上指出，**4 歲的孩子每天會問 100 個**

問題，幼稚園的孩子都覺得自己是個藝術家；但是等到孩子 12 歲左右，他們知道了給出正確的答案，比問問題更重要。這正是現代教育面臨的最大問題—孩子們逐漸失去創造力，孩子的天賦與特質就這麼一天一天消失。

對我來說，孩子們的藝術課堂，不應該侷限在繪畫班，也不應該只有藝術史；而是得將藝術課堂搬到博物館、美術館，和所有跟藝術相關的真實藝術場景中。

只有這樣，孩子們的藝術開關和感知能力才能真正被打開，藝術也將成為陪伴他們一輩子的好朋友。也因此，我越來越想跳脫傳統意義上只教繪畫的藝術課程。因為這樣的課程到處都有，經常就是孩子藝術能力啟蒙的地方。

而等到我們為人父母時，又無法對整個藝術世界與藝術史，以宏觀的角度思考，導致我們不敢接觸所謂的藝術。不敢進畫廊，怕讓人知道我們看不懂；不敢去參觀當代博物館，因為我們看不懂。其實只要你願意拋開「我不懂」、「藝術都是騙人的」、「藝術家都是搞怪的」各種心態，你就算正式跨出第一步了。

培養包容力的藝術

西方歷史上，藝術最早是服務宗教和皇室，接下來才是貴族和平民百姓。

但對我這個半路出家的「老師」來說，藝術可以激發孩子的獨特觀點。欣賞藝術時，沒有自己的獨特觀點，當然看不懂；沒有專人的引導解釋，就更看不懂我試著從藝術的角度切入，教導孩子擁有自己獨特的審美眼光，更進一步尊重別人的意見。

我在藝術探索的過程中，會逐步引導學生們透過策劃一個展覽來引發內在的動力和積極性。透過一種玩的心態和方式，而不是利用權威，讓學生們積極發揮影響力。這是因為**藝術應該是好玩的、有趣的；而非教條的，說教的。**

舉例來說，**傳統博物館讓我們走進歷史，穿越古今； 當代藝術則教會我們另眼看待藝術與人生。**

所以只要帶著包容與開放的心態去看當代藝術，可以培養孩子包容性和理解力。當然這個培養孩子的過程是緩慢的，不會有立竿見影的效果。正如我當初把孩子從傳統的名校轉到一所當時尚不知名的小學一樣，考驗的是家長不隨潮流的眼光與智慧。

當代藝術作品有很多是反映當下社會的現象而創作出來的，我舉一個例子，曾在 2011 年設計台北 101 跨年煙火秀的當代藝術家蔡國強，為人熟知的有他在福建老家泉州的天梯作品；但大部分人，沒看過他的「撞牆」作品。

那件 99 匹狼的標本，巧妙的放置在大約 500 平方公尺的開闊展覽空間裡，給我帶來的震撼至今歷歷在目。這件作品告訴我們的不止是他的創作本身，而是透過作品去告訴我們不要做一個盲從的人。狼是如此，人呢？當然作品本身有很多意涵，不需要解釋太多。

大家是不是有去看過博物館或美術館的展覽的有趣經驗？ 因為不去對不起自己，但看了，又說不出個所以然來？或是用手機拍了一堆照片，過了不久就全部刪掉，或收藏在電腦裡，從此再也沒看過。走馬看花一圈下來，但卻沒有對作品留下什麼印象？這都是因為只看熱鬧，但卻沒有走心，當然學不到精髓。

與大師對話

其實，看博物館是有些竅門，也有一些規矩的。首先，不要像踩高蹺似的，穿著一雙 5 寸高跟鞋，不僅對不起自己的雙腿，也會弄出噪音干擾別人。另外，**對展館本身的收藏重點要先做一點研究，不要只聽導遊或導覽器的說明。這是你跟藝術品對話的最好良機，這也是你能夠親近大師的機會**。不要因為電話的干擾，入寶藏卻空手而回。帶上藝術筆記或一本繪本，現場發想或臨摹，回家後寫下自己的感想。從今天開始，看展覽，看博物館，可以建立一本自己的藝術筆記。

從看什麼樣的博物館和作品，以及藝術收藏喜好，對藝術品的態度反映了一個人的內心藝術世界。這就像我曾經帶一位藝術家到位於上海佘山一位收藏家的會所晚宴時，這位專家級的收藏家問藝術家，你完成一件作品需要多久的時間？藝術家巧妙地回答他：我是用我的一生去完成每一件作品，因為那不止是我藝術的能量，還是我成長的記憶，人生的歷練所構成的。

同樣的，我們一般去美術館、博物館看作品、看展覽，對什麼樣的作品有興趣？也同樣反映了我們過去的人生與經歷，視野與眼光。所以，我一直秉承著一個觀念，那就是：只帶朋友和家人去最好的美術館，看最好的展覽。因為，這會影響一個人的一生。**看展的效果絕不是立竿見影，但眼前所見的一切，絕對深刻的印在腦海裡，植入內心。**

我在過去幾年除了藝術經紀人的身份之外，也扮演了藝術公益推動者的角色。因為工作的關係，認識了很多藝術博覽會的內部人員，也能接觸到博物館和美術館第一手的展覽資訊。例如每年的Photo shanghai、上海藝博會、西岸藝術博覽會、021 當代藝術博覽會，我都會幫忙帶一些藝術愛好者進到展覽現場，並親自做解說，偶爾也會邀請我的啟蒙老師陸潔民為大家導覽。

還有上海當代藝術博物館、余德耀美術館、龍美術館、K11 美術館，只要這些場館有好的展覽，我也會第一時間邀請我的朋友們到現場，由我親自導覽，說明。其實作為全球最有活力城市的上海，不只有金融和商業，在藝術領域，比起全球許多大城市也毫不遜色。大家其實可以好好的利用這些資源！例如陸家嘴的震旦博物館，就是我經常推薦給朋友們不可錯過的文化寶藏！我一開始進入這個圈子，就緊緊跟隨大師和行業裡的專家，經常跟著他們跑遍亞洲各地的藝博會，畫廊，博物館。勤看作品，勇於發問，回家後也搜集資料，勤做功課。看多了，自然就會慢慢發現自己喜歡的是哪一類型的作品，這個發自內心的聲音騙不了自己！

所以不要因為別人說什麼藝術家好，就盲目跟隨，永遠保持自己那顆純粹的藝術鑑賞心情。再利用上面那幾個方式，假以時日，你也會鍛鍊出自己獨特的藝術觀點，形塑自己的藝術風格。

1.喬治・修拉（法語：Georges-Pierre Seurat，1859－1891），是點彩畫派（Pointillism）代表畫家，新印象派的重要人物。

2.烏鎮戲劇節：由烏鎮子弟陳向宏、台灣知名舞台劇導演賴聲川、中國演員黃磊、中國電影導演孟京輝共同發起，以擁有1300年歷史的烏鎮為舞台，自2013年開始舉辦，上演世界級精品劇目及青年戲劇人原創作品。

Chapter 5 老K這麼教孩子

做個「大驚小怪」的父母

這裡說的「大驚小怪」不是看到孩子犯錯就大呼小叫；而是即使看到孩子一點點的好，也要大驚小怪式的讚美，給予信心。

現在的孩子都極其聰明，見過的世面不見得比你我更少，我經常從女兒身上學到一些新名詞。例如大女兒對世界局勢的獨特看法，對歷史事件的深刻解讀；小女兒則經常分享一些最新的美劇、最好的音樂、最棒的美食，更難得的是她讓我體會到，不是每個孩子都需要在學業上拿第一；即使數理化只有一般水準，本著她對生活的熱愛，對自我的追尋，同樣可以讓自己在其他方面展現優秀的一面。

自從姊姊離開家到英國求學後，我看到在她身上發生的變化。從在模擬聯合國活動中更加倍努力，持續一個人征戰北京的哈佛模聯，和台北的耶魯模聯，以及上海的模聯。轉學到新學校後，她從加入音樂劇擔任路人甲開始，努力爭取到擔任「理查二世」這部舞台劇的女一號，一步一步朝著她的目標前進。另一方面，在學生組織上，剛加入新學校一年不到，就當上代表全校學生的學生會主席。再度證明她一年前在其他家長面前說的那句話「我崇拜姊姊，但我想做我自己」所言不虛。

這些都讓我這個自認為已經飽覽群書、見多識廣的爸爸，暗自高興有她們 2 個寶貝，讓我打開認識未來的另一扇窗。她們就像我在不同領域的參謀軍團，時不時的拋出一些令我大為驚奇的發現，也時刻提醒著我，要呵護每個孩子與眾不同的天賦。

以心作則薰陶孩子

現在的父母必須隨時保有正面思考的力量，因為你對孩子的一切作為和表現出來的態度，都受到日常生活中各種意念的影響。到了你跟孩子相處的時候，你已經不由自主的反映出平時內在的所思所想。所以現在「以身作則」已經不夠，必須「以心作則」。舉例來說，有人天天想著犧牲別人來謀取自己最大的利益；想著貪小便宜，不為別人設想；想著比別人少付出一些，但要最大的回報。這些腦海裡閃過的念頭，都不斷的影響著你自己的所作所為，折射出你對孩子教育理念。最終反映在孩子自身的行為上。

當你對著電視新聞大加批評，對著路上的壅塞抱怨連連，對著公共政策評頭論足。即使孩子不在身邊，但一定讓你不由自主的把這些意念轉化為你跟孩子相處的態度上。不止需要保有正面的意念，如果你也希望孩子更有勇氣面對未來的變化，我們自己都需要做更多的嘗試與修正。

去年 (2016 年) 暑假，我們一家四口去紐約大都會博物館的時候，雖然大都會博物館註明了可以自由捐贈美金 25 元，或是一毛錢不掏，都歡迎進入觀賞。或許也因為如此，不管從眾多網友提供的旅遊心得或攻略，還是我在現場的所見所聞，像我們這一家直接掏出足額金額捐助的人少之又少。雖然從表面上看來，就是少花費

25 美金，但可能對孩子產生的不良影響可能超過千倍萬倍。關鍵點在於你選擇的是花多少錢去買到孩子的未來眼界，而不是當下參觀博物館的價值。

學著大驚小怪

對孩子一點點的小成就都要大驚小怪，讓孩子處在雀躍的狀態下，她會開心的飛上天。因為一件事說一遍別人或許不相信，但說了一百遍，可能就會成真。讚美孩子的話在家裡說說，孩子或許記住一天，但發自內心，真誠的說給大家聽，甚至用文字、用圖片，用各種有創意的形式表達出來，孩子會記住一輩子，甚至會深深的受此引導，往正確的道路上勇往直前。重點是你要發自內心，而不是為了顯擺。

我們以前讀書的時候都學過一個道理，那就是以訛傳訛，意思就是，好事不出門，壞事傳千里，而且傳到最後，整件事就走了樣，失去真實的一面。既保守，又負面這種傳統封建文化的思維，永遠佔據了我們思考的絕大部分。好事都不好意思講出來，但孩子偶爾做錯了一件事，卻要當著大家的面教訓，才稱得上是一個好父母，我們的孩子在這樣的環境之下長大，如何正面的看待事情，擁有健康自信的心態。回想孩子成長的過程中，我也做過一些這樣的蠢事，但我還是抓住了幾個關鍵時刻，讓她們在其他方面保有其好奇心和優點。

人非聖賢孰能無過，尤其是現在的父母，在工作上的壓力都是無比巨大，創業者要時刻擔心現金流和商業模式，以及人才的流失等種種問題；作為高階主管，則得戰戰兢兢的擔心工作不保，勞工權益得不到基本保障。諸如種種狀況難免影響心情，回到家，基本上也不會有太好的心情對待孩子，臉色自然流露出難色。但是現在的孩子們也不是省油的燈，這些父母反映在面上的焦慮和急躁都逃不過他們的眼睛，但是他們不明白背後的原因，只會選擇逃避。

「波瀾不驚」，形容人非常淡定，處事淡然的一種狀態。那是經過一種歷經磨難和起伏之後的無奈之舉。我們也都聽說過「年少輕狂」，這又是對不同年齡和不同狀態下的一種形容詞。但是在面對孩子的所有成長過程中的任何小小驚喜或一點點小成就，我們都要以「大驚小怪」來處理，就算不是大驚小怪，也應該有一種深層次的思考來書寫。我所謂的大驚小怪，不是那種孩子做錯事就呼天喊地的大呼小叫，孩子忘東西了就鬼哭神嚎般地叫囂。而是孩子有一點點小成就，你就應該理直氣壯的告訴孩子，幹得好，做得妙！讓她真正感覺到你以他為榮，你為他當下做的事驕傲！

不要當孩子的絆腳石

而這種大驚小怪的現象，正呼應了本篇的概念─以心作則，因為你的內心一直覺得孩子是最好的，你就會如實的從內心反射出來你對孩子的觀感。你越擔心，越焦慮，孩子一定會受到這種心態的影響，久了，你會發現這種父母的孩子都悶悶不樂，甚至鬱鬱寡歡，也通常不夠綻放，不夠開朗。

我遇過一個家長朋友，單獨找我和他聊上國小六年級的孩子。成績已是班上的第二名，但是他仍然覺得自己的孩子沒有主見，沒有追求，沒有目標。我回答他，都已經第二名了，你還要他怎麼樣？所以，不是孩子不夠優秀，可能是父母的要求太高，高到孩子最後都受不了，孩子如何能綻放？這就反映了父母過度的擔憂。其實孩子真的不是不夠好，而是難以應對父母的高標準。這種沒有止境的追求，反而成了孩子成長路上的絆腳石。

我的大女兒跟我聊天的時候也曾經說過這麼一段話，她說現在的父母在商業或職場上都非常成功、非常亮眼，但是在面對自己的孩子時，卻又一股腦的失去遠大的目標，只看重眼前的利益。

未來世界的變化真的需要我們做父母的花點心思去適應，去理解，去面對。也要適當的留一點空間給孩子，讓他們自己去摸索與適應，然後回過頭來教我們，這樣除了他們自己可以學會很多技能，親子之間的關係也會變得更加融洽，雙方也可以有更多的交流機會！例如，我常常跟小女兒請教模擬聯合國的相關問題，也從她身上知道了這個活動都有哪些分會與組織？都有哪些學校參與？音樂劇都有哪些角色？不恥下問，絕對是作為一個現代父母必須跟孩子學習的，不要認為自己什麼都懂，把自己放空，其實是讓自己學會更多的事物的基礎！

小留學生的背後

這世間所有的愛都指向團聚，唯獨父母的愛指向別離。

去年 (2016 年) 大陸北京衛視、浙江衛視播出了一部令我印象的電視劇《小別離》，故事的主人翁是三位住在北京，就讀初三的孩子，描寫他們在中國繼續升學或是出國求學兩者之間選擇上，與各自父母的掙扎與拉扯。劇情真實反映出**近年來中國大陸的「低齡留學熱」，孩子未滿 18 歲、未完成高中學業就送出國留學的熱潮。這個現象和 1980 年代前後，正在騰飛的台灣有驚人的相似之處。**

夯劇《小別離》，道盡中國父母的焦慮

《小別離》指的是孩子年紀還小，就得為了學業，與過去熟悉的、習慣的、適應的、喜歡的生活別離、和父母別離。劇中人物面臨的狀況，戳中中國千千萬萬父母的心，不但收視率名列前茅，百度網頁相關話題以「千萬」流覽量計算，成了 2016 年「夯」劇。我認為這是部涵蓋高中低各種階層家庭的孩子，所共同演繹的時代教育劇情片；是說不出口，但又不得不面對的問題；也是想描述，卻又說不清楚的痛。

繼 60 ～ 70 年代的台灣之後，中國走過了快速發展的 20 年，累積了大量的財富。但直到近幾年房地產和股票投資漸趨冷靜、名

車精品也不再新鮮時，大家回過頭來才發現，原來健康比財富更重要、孩子比事業更需要花時間經營。生活條件富裕了，「北上廣深」（北京，上海，廣州，深圳）這幾個大城市，就興起送孩子出國讀書的風氣，開始經歷一場如同雲霄飛車的刺激，隨之而來則是家長們內心的焦慮與不安。

這一、兩年，因緣巧合，我被邀請加入了幾個關於教育的分享微信群，隨便一個群組，就有四、五百位家長。群組經常探討的，有關於閱讀、教育理念、體制內外各種學校優缺點、上海國際學校現況分享，以及出國留學及遊學相關議題。這些家長們的孩子多數出生在 2000 年以後，從中可以明顯感受到**中國家長們對孩子教育的現狀與未來，有著莫名的焦慮與對國際教育體制的嚮往和與之不對稱的懵懂不安。**

搶進優先群，積極為孩子未來鋪路

我判斷這樣的現象，可能源自於父母生怕自己的孩子輸在起跑線上。大多數的小學生，基本上每週平均有 5 ～ 8 堂的課外輔導與才藝課，還有鋪天蓋地而來的幼稚園升小學，小學升初中的招生競爭。以課外輔導來說，最常聽見的是奧數和英文，因為小學和初中的招生環節裡，這些都是基本要求；以才藝來說，幾乎所有的孩子都得去上幾門音樂，繪畫，舞蹈，只要你能想出來的，就一定有補教機構提供這樣的服務。比的不是孩子的能力，而是父母在外的人脈，這個人脈不是事業上的，而是誰能夠找到更優秀的老師，更好的補習班。不求最好，只求最貴，成了普遍的情形，更甚者會想把老師聘請回家成為一對一的家教，避免別家孩子和自己的孩子擁有同樣的資源。

而從小升初（小學升初中）面臨的，除了筆試和口試，還有一些特殊才能，也因此學習任何的才藝班都有級別的證書。因為這些證書都是每個孩子要擠進升學窄門所必須具備的。造成家長們無不想辦法透過各種可能的管道，要讓孩子進入重點初中，為了這個目的，不但花錢絕不手軟，也把家長和孩子逼得喘不過氣來。我觀察自己居住多年，也是教育資源最發達的上海發現，正因為資訊來自四面八方，父母親尤其是中產階級家庭的母親，選擇接受哪些資訊，變成了決定孩子命運的一個重大抉擇。

觀念傳統的家長，選擇讓孩子擠破頭也要進入市立重點中學、名牌國家大學，這些家長認為只有如此，才能讓孩子出人頭地！部分家長則選擇相信國際化教育，條件稍好的家庭開始尋找各類私立初中或公立高中國際部，讓孩子儘早脫離傳統體制內教育的題海戰術與束縛，條件更好一點的甚至開始為接下來的高中（甚至初中）出國留學鋪路。

國外名校設中國分校

正因為這些種種的現象，關心教育或是看到這一趨勢的教育從業人員，紛紛找到各種門路與資源，開展各式教育相關的業務。就我看來，這不僅是一場教育的革命，也是中國未來是否具備國際競爭力的重要關鍵。現在中國人對好的教育資源趨之若鶩，各種教育機構，包括補習班、興趣才藝班、留學仲介機構，甚至心理輔導、社會探索實踐課程，都在這幾年大肆擴張，但也因此品質參差不齊，亂象叢生。

此外只要品牌在國際上夠大，總有人會想方設法引進中國，包括英國的伊頓公學、威靈頓國際學校等國外知名的學校，都到中國設立，學費也高的驚人。就連上海地區幾所知名的民辦雙語學校也是人滿為患，新設立的學校則更如雨後春筍般地冒出頭來。各種國際上常見的教育體制，例如AP，IB，A－Level，更是被大家拿出來充分的討論與比較。各群主也紛紛邀請資深家長或已經順利到國外知名大學就讀的大孩子們，在線上透過語音，分享各類的教育資訊給群組裡的後輩家長，反應非常熱烈。

2016年年底，中國的教育部發現越來越多的學校，巧立各種名目開辦以出國留學為目的的雙語教育或者是公立中學的境外班，除了學習西方教育所需要的教學模式之外，也避開中國教育部門的審查；加上高昂的學費驅使，這幾年類似的學校如雨後春筍般地冒了出來，以至於政府開出一系列的禁令，嚴格審核這些所謂的國際化教育機構與學校，要求不以盈利為目的，要求實施政府制定的課程體系，幾個月來，大家人心惶惶，我想也會加劇許多更有能力的父母選擇移民的方式一勞永逸！

拒絕為名校鋌而走險

西元2000年也就是千禧年以後出生的孩子，大學畢業後就將面對人類有史以來最大的工作機會變化。舉例來說Uber改變了傳統的計程車行業、Airbnb挑戰了傳統飯店業，連長期以來被稱為金飯碗的銀行工作也面臨到手機和網路銀行的衝擊。所有我們印象中的傳統行業都因網路時代來臨，產生巨大變化。當然，處在教育風暴核心的父母們，即使知道這些關鍵，也不見得能夠釋然。經過了2016年大環境的洗牌，現在教育類的微信群有稍微減弱的趨勢，但是相信線下的交流平台依舊熱絡。父母的焦慮也不會減少。美國教育協會數據顯示，2004 年至 2015 年這十二年間，持有 F-1 簽證（國際學生簽證）在美國就讀高中的中國學生，從433人增至4.3萬人，增長將近百倍。我相信**在可預見的將來，中國往美國教育輸送的金額也將繼續升高。**

中國經歷了改革開放 30 年，在 2010 年超越日本，成為世界第二大經濟體，但每年依然有大批留學生前往美國留學，且逐漸增加的趨勢並無減緩且越加劇烈。「小別離」這部電視劇的出現，正是說明了這一趨勢演變至今，已到了不能不正視的階段！而越來越多考生的 SAT 考試成績屢屢被取消，反映了中國父母和補習機構在面對強大的留學競爭壓力不得不鋌而走險的結果，那就是各種作弊與題庫外洩問題。

對美國人而言，這樣的入學考試僅僅是一種測試高中畢業生的基本學術水準，作為入學的參考，但意外造就中國大量的補習機構和補教名師。我更憂心的是，即使在出國留學人潮大爆炸的今天，每年依然有高達 8000 名的中國留學生被美國大學退學，這一數字背後呈現的正是過去幾年來大幅上升的大陸留學生在各種留學仲介推波助瀾下利用信息不對稱原則，走各種旁門左道，協助成績與能力不達要求的孩子前往美國就讀，但無法適應美國大學嚴格教學的需求所導致的現象。而各種在美國因為留學導致的霸凌事件，以及許多衍生出留學生之間的問題，都因為礙於情面而不見於報章雜誌，只能在微信裡流傳！當然在各種留學的狂潮之後，也會有理性的家長願意耐心的等待孩子的成長，不過這樣的家庭依然是少數的。

如果您正在思考孩子未來的教育問題、又或者您關心教育，那麼不妨花點時間去瞭解這個人類有史以來最大程度的出國留學熱，更不要錯過這部非常真實，描寫低齡留學過程的電視劇集《小別離》。

最後的1%

以自己最專注的技術，埋頭苦幹，做到精，做到透，就能把一件事做到出色。

我不是教育專家，更不是心理學家，當很多家長朋友問我關於孩子的教育時，我經常反思我做了哪些正確的事，才能得到如此多家長們的信任呢？直到前陣子在車上聽了吳軍教授在廣播節目中提及德國和瑞士製造的特點時，突然想到，應該就是在一些具體細節上，我比別人多做了那 1%，多思考了那 1%，才讓兩個女兒能有今天小小的成就。

教育也要精益求精

瑞士，最頂級的精工製造代名詞，即便像日本這樣具有工匠精神的國家，在手錶的製造上也還追不上瑞士這個缺乏資源的歐洲小國。所以她的手錶價格就算比競爭對手高出數倍，甚至數十倍，仍然讓消費者趨之若鶩。**專心做好一件事，是我們大家耳熟能詳的做事態度。但是有多少人能夠真的做到？瑞士，就是這樣的一個國家。**

在強敵環伺之下，瑞士人依舊保有自己最專注的技術，埋頭苦幹，不跟臨近的德國比汽車，因為它沒有龐大的製造基礎和人口基數；也不做類似法國的葡萄酒大國，因為它沒有類似地理條件。**瑞士人就專心把精工製造這件事做到精，做到透。以至於全世界提到**

手錶，尤其是高級手錶，就一定想到瑞士。即便現在手機和運動型手錶，和各種跨行業的競爭都已兵臨城下，讓手錶這個產業岌岌可危，甚至影響到日本的這個基礎產業，瑞士依舊專心做自己最專注的事，因為瑞士製造的手錶，已經不只是手錶，而是象徵精品與奢侈品的代名詞，也是玩家，藏家和投資客追捧的對象。

我在養育兩個女兒的時候，就是如同瑞士這個國家一樣，堅持專心培養孩子們一個能力，一項愛好。我也經常叮囑大J、小J，不要去跟鄰居孩子相比，即便他們很好，但不是我的孩子。**堅定你的內心，找到自己孩子的特點，哪怕只是一點點，你也可以把它放大再放大。如此一來，你的孩子不見得會是最強大的領導者或商界人士，但一定是最受人尊敬，最能保持自己獨特風格，最能長久堅持自我的。**

說了道理要做到

我們通常會教孩子一些做人做事的道理，但是自己也常說了道理，卻無法做到，或是做了，但只做到 90% 就止步了。我常反省自己，如果能發揮 100% 的執行力，孩子會從各方面學習到，體會到父母嚴格要求的態度。我相信這樣的態度也會影響到孩子們做事情的態度上。現在的孩子們通常都有父母在背後幫忙鋪平道路，從生活起居、食衣住行的照顧，大到學校的選擇、工作的安排。這樣的情況下，別說那最後的 1%。孩子們可能連最基本的 60% 都做不到。

前陣子我也刻意在車上放吳軍的「矽谷來信」的音檔，除了自己利用開車的時間學習，也讓孩子聽聽，如何把一件事做好、做到透徹，做到完美。因為像小J這樣才17歲，又有主見的孩子，是不太可能，也不太喜歡聽道理的。但我又想要把這樣的精神和觀念傳達給她，怎麼辦？以前我會發郵件，後來改成發微信，但是方法不能老是不變，孩子們也會煩，也能猜出你想幹什麼。所以我又換了一種方式，乾脆在車上的時候，把這段音檔放出來。

至於她有沒有聽進去，已經不是那麼重要了！但我相信，總有一天她會聽進去的。或至少，她知道我一直在學習和追求進步。在教育孩子這件事上面，我也是想盡了各種辦法，力求做到那最後的1%。也或許是這樣的一點一滴已經在過去20年的言傳身教，耳濡目染的薰陶下，讓我的孩子們已經慢慢體會及感染到這些做人做事的原則；尤其是在**孩子進入青春期時，調整我們教育孩子的方式，把手慢慢的往回縮，把嘴巴慢慢閉上。善用智慧去和孩子溝通，可能是我依然能在孩子們即將成年的階段，還能持續傳輸正確的觀念以及和她們保持良好溝通的關鍵**。

讓孩子看到你的堅持

當然這些觀念，我一定先過濾一遍，思考對孩子的影響？有沒有必要讓她們知道？用什麼方式傳達給她們？這些點點滴滴正是我過去一直在做的。這些事情首先考驗的就是父母自己，不去學習，不去追求新知，如何能做出判斷後建議孩子？什麼是對錯，也無從得知；甚至於道聽塗說，人云亦云也大有人在。我也刻意讓孩子聽這些大師們的生活歷練，讓她們一點一滴的受到這些細節與觀念的影響。而我自認為自己具備女性特有的對孩子敏銳觀察力，又保有男人在教育趨勢掌握的前瞻觀點，集這些對孩子教育具有重大影響的特質於一身，可能是我影響她們能在別人面前展現出自信，成熟一面的原因吧。

我能理解台灣的孩子在當下的環境裡，很難做到堅持到最後的1%，那麼**父母必須從自己做起。在任何事情上必須先做到完美和堅持，讓孩子從小就看到你的堅持**。就像我自己雖然沒有創業，當上一個指揮全局的大老闆，但是從我不斷的學習過程中，孩子是能感受到那種持續學習的精神。以 2016 年我帶著 12 位孩子一起組織策劃的震旦博物館「繪飛的神獸」為例，集合了古代文物、公益活動、親子教育、人員招募、活動組織、資金籌措、市場宣傳、電影拍攝等各方面工作，我們都是一群從來沒做過類似活動的素人，現在回想起來那兩個月的籌備，真的有點可怕。但做完之後，我才真正理解以前讀過的一段話：**如果你真的想做好一件事，上帝都會幫你開路的**。

在籌備展覽的過程，我們遇到了資金、人數、動力不足以及時間不夠的種種挑戰，但有了諸多家長志願站出來提供幫助，最後克服了那 1% 的不足，完成了一個不可能的任務。

過程中，我帶著孩子們招募了 500 位小朋友到震旦博物館上半天課，彩繪了 500 隻神獸的素胚，募集到必要的資金，幫這 12 位孩子在展覽現場建立了屬於他們自己的工作坊，展示 2 個月期間他們各自的工作成果。我們還自導自演了 2 部精彩的視頻短片，用以招募小夥伴，以及現場的展示之用。更重要的是我們一起到了一家自閉症兒童關懷機構，協助這 12 位孩子理解自閉症兒童並不是和我們不一樣的人，他們只是「慢一點的孩子」。

開幕當天，現場來了超過 200 人，還吸引了上海多家主流兒童媒體前來採訪報導，令這些孩子和家長們興奮不已。因為他們都是第一次做展覽，也是第一次上電視。開幕式之後，我引導這些孩子們做事後的檢討，我問大家這個 2 個月的展覽過程中，你們最感謝的是誰？幾乎所有的孩子都回答是自己的媽媽，令現場的媽媽們感動的熱淚盈眶。說真的，在我心中，除了孩子的熱情和動力被激發意外，這群可愛的媽媽們在整個過程中也卯足了勁在幕後默默地協助我們，才有最後精彩的呈現。因為每個孩子只有每週末的半天時間參與活動，很大程度上，媽媽們在人員招募，道具製作，現場引導，出謀劃策上，都給予了我們這個 12+1 的素人團隊最大的支持。這就是那 1% 的專注與堅持。

這最後的 1%，也就是一股傻勁，一股你投入熱情，事後想起來會驚訝於自己真有那份衝勁的事。那種源於體內的腎上腺素，而不是你事先規劃完整，有一份完美的藍圖才去執行的事，往往就是能成就一件大事的原動力！孩子的成就，也就是要靠這種發自內心的渴望，才能完成。

改變，從教育著手！

教育，不一定是讀書這麼簡單。一個好的理念，足以改變一個人，甚至一個家庭。

教育除了讓我把孩子送往國外讀書，也讓我看到了一個出生在落後地區，甚至沒讀過書的人，也可以有機會幫助自己的下一代，一步一步的往上爬；教育不一定是到學校讀書這麼簡單，而是在耳濡目染的情形下，可以為身邊的人做的一切。那是一種引導，一種啟發。

用智慧幫助別人

現在家裡的阿姨（中國大陸對家裡幫傭的稱呼）已在我家邁入第七個年頭。今年初我們有了一些特別的對話。阿姨告訴我，因為我的引導和幫助，讓她從幾年前兒子來到上海時，對教育和養育的不知所措，到現在幫兒子娶了媳婦還升格當了奶奶。不僅如此，現在的她對孩子的觀念受我的影響之下，和以前完全不一樣了。

前年（2015 年）有段時間阿姨始終心事重重，跟她聊開後才知道原來是剛滿 21 歲的兒子要娶媳婦了，但為了結婚這件事，一直都大剌剌的她告訴我，已經一個多月睡不好，心裡很糾結。

我家前後兩任阿姨都是來自人口龐大、但經濟發展相比長三角地區相對落後的安徽，而且是皖北地區靠近河南山東邊界的三不管地帶。這幾個地區靠近治水奇差的淮河，除了毫無工業生產，農業收成也因洪水肆虐、靠天吃飯，經常處於欠收的窘境，所以輸出廉價勞力就成了唯一出路。過去二十多年來大陸經濟的發展，這裡的表現屬於中國各省份的末段班，為了養家活口，人力大量外流到北京、上海之類的大都市，以至於年幼的孩童就留在老家讓年邁、教育和文化程度相對低的祖父母撫養。

這樣的後果就是家庭關係疏遠，一旦孩子長大，對家庭歸屬感不夠、對父母的感情也很差。中國大陸的留守兒童[1]數量龐大，已經足以撼動整個社會，也對未來的穩定造成威脅。1980年代開始，中國城市經濟的快速發展，而農村長期的落後，導致了城鄉之間的差距越來越大，大量的勞動力人口外移，除了初期的廣東工廠吸引大量農村年輕的勞動人口，各大都會區的阿姨需求也吸引了大量農村婦女進城，對80年代開始的一胎化政策，造成的社會問題更是雪上加霜。

父母外出打工造成疏遠的開始

有了這個現象，可能也是造成大城市教育問題的重要原因，太多的父母把孩子交給了這一群文化水平相對低的阿姨們，她們雖不致於去教育這些城裡的孩子，但是在耳濡目染之下，說完全沒有一點影響，是絕無可能的。在如此大量的人口移動下，大家常常在電視裡看到的動輒數億人口在春節期間往返城市與農村的新聞，也就不足為奇了。

沒有人，甚至沒有任何一位經濟學家能夠準確的描述中國大陸過去這幾十年經濟發展過程中的全貌，因為，無論從哪個角度切入，連百分之一的真相都無法窺得；也沒有一個教育學家，能夠有把握去解決每一個家庭和孩子的問題。因為每個家庭的情況都千變萬化，沒有一個公式可以套用。

話題好像扯太遠了，回到正題。阿姨剛來我家時，只在杭州做過幾年的工廠作業員，沒有太多在家庭幫傭的經驗。此時的她跟著老公離開安徽老家已多年。兩個孩子跟大多數農村家庭一樣，交由爺爺奶奶撫養，準確的說，孩子成了大家口中的「留守兒童」。幾年過後，大兒子長大了，高中沒畢業的他來到上海依親，和父母同住，慢慢地小女兒也一起來到上海。阿姨曾經非常具體的告訴我，她的女兒剛到上海的前幾個月，在一個商圈的溜冰場工作，有次帶她出門，看到孩子面對上海商場裡五花八門的櫥窗擺設的神情，是用劉姥姥逛大觀園的眼神和動作來形容。

另一方面，兒子因為沒有學歷、不能吃苦，只能跟著貨車送貨，在餐廳打工，經常換工作。對一般人來說，家庭能夠團聚應該是件好事，可是對一個沒有受過教育，離開孩子 10 多年的母親來說，災難才要開始。據阿姨的描述，孩子們剛來到上海時，她們彼此之間相當的不適應。阿姨的兒子在老家時，國中畢業後就不怎麼愛上學，斷斷續續的讀了幾天書，也陸續的打了零工，偶爾幫老家的爺爺下田種地；但因為經常看到外界對大城市生活的報導，加上農村畢竟比不上大都會區對孩子具吸引力，最後不得已還是來到上海投靠父母。因為長期的相隔兩地，孩子對父母是陌生的，對大城市則是充滿好奇。

真心關心拉近距離

因為阿姨夫婦的教育程度不高，嗓門又大，任何事情都是大聲吼叫，導致和孩子們幾乎沒有什麼對話，孩子多年來甚至不曾叫她一聲「媽」。這大男孩性格內向，不愛與人交談。說到激動處，阿姨的淚水總在眼裡打轉，眼眶泛紅。即使沒受過教育，但母愛是天生的，只是不知道如何表達，如何解決困境。我知道了這些狀況之後，跟阿姨聊過幾次，也開導過她，前後陸陸續續大約半年左右，盡可能就我了解的情況，用我知道的方法、可能的招數傳授給她。

在那段日子裡，只要有空閒聊兩句，我就會關心一下她孩子的情況，然後她就會再繼續問我一些具體情況如何處理？就這麼一問一答間，我更了解她家裡孩子的情況，也能更貼切的告訴她如何用心，用哪些方法拉近母子間的關係。她也慢慢掌握了與孩子相處的竅門，孩子也一天天步入正軌，然後我就能感受到她的心情一天比一天好，或者至少沒有那麼焦慮、那麼無助。

前年她們終於幫兒子辦了終身大事，娶了媳婦。雖然她願意聽我的建議讓孩子多工作幾年再結婚，但熬不過安徽老家長輩的壓力和傳統農村習俗，還是趕在前年過年期間，孩子才剛滿 21 歲，借了十幾萬人民幣，就回老家幫孩子辦了婚事。借錢結婚？沒錯、大陸農村的生活就是如此，結婚不一定是件快樂的事，反而是一種責任，僅此而已。但她的心裡總覺得兒子心智還不夠成熟，怎麼一下子就結婚了？自己都還沒能適應城市的生活，怎麼去處理孩子出生以後的種種問題。

年中又聽她說媳婦懷孕，年底就要生了，驚覺時間過的真快，感覺阿姨的孩子才剛剛從老家來上海，怎麼這會兒就馬上要當爸爸了，也聽她一直在張羅待產的物品，和年底要全家回老家的事。我一聽回老家，腦中馬上閃過一幅他們全家六口人（阿姨還有一個女兒）擠著車，抱著剛滿 2 個月大的嬰兒一路折騰回老家的畫面。就跟阿姨討論是否需要這麼折磨大小一家人時，她一聽我這麼說，恍如大夢初醒。原來生長在農村的人思維就是這麼單純，孩子 18 歲，就是要幫他娶個媳婦，完成終生大事；過年，就是要回家。

溝通要先從態度和口氣做起

但從沒想過老家過年氣溫都在零度左右，沒有任何空調，家裡大半年沒人住過，髒亂無比。以前大人還能忍忍，今年多了媳婦與襁褓中的孫子，這些情境她越想越不對勁。但因為是媳婦提出來要回家看看，為了避免造成嫌隙，我建議她必須先從老公和兒子說服起，而且必須壓低她的大嗓門，動之以情、說之以禮。何況一趟過年回老家要花她全家一萬多人民幣，對還在償還兒子結婚債的她們來說，又是一筆不小的負擔。

我只告訴她，**溝通要先從態度和口氣做起，否則再有道理也行不通**。過了幾天她開心的跑來告訴我，原來是她力抗全家的 1:4 的狀態，現在已經轉成 3:2，而且我教她用的方法一一奏效，談話中一直感謝我給她的指點。我慢慢發覺，許多**對我們來說再平常不過的觀念，對一個成長背景和文化差距頗大的人來說，竟是如此受用。**

想想時間真是不饒人，10 多年前在北京，我家第一個阿姨待了整整 10 個年頭。現在的阿姨也一待就又待了快七年，我們也像待家人一樣的對待她們。第一個阿姨年紀比我稍長 6 歲，現在在深圳幫自己的兒子帶孩子，頤養天年；我們還常常電話聯繫，偶爾也寄些家裡的東西，或孩子長大後不用的衣物給她們。第二個阿姨則是比我小 7 歲左右，可是也已經升格當奶奶了，雖然看來緊張多於欣喜，責任也尚未了，但祝福她們全家平安順利，並完成比她們那一階層更為快速的往上走的門票。除了脫貧，更要有一點對未來的宏觀格局。

兩位阿姨雖然都沒機會受教育，跟我的阿嬤一樣，但本質都不壞，只要有好的引導，好的觀念指引，全家也可以過的快樂幸福，關鍵是有一個對未來的期望，也都因為有個受教育的下一代，而能夠逐漸的改善生活質量。這也是我能給她們除了薪水以外，最大的祝福了。這一陣子因為跟阿姨聊的多了，常常東扯西扯，有時她也被我逗得很開心，還語重心長，煞有其事的跟我說：先生，雖然你沒那些大老闆有錢，可是看到你們全家都順順利利，孩子都那麼懂事，這比有錢更好。

尊重每一位幫助你的人

這幾天阿姨又和我說起她兒子，她要幫兒子出一點錢，在老家買一間房子，強迫儲蓄，跑來問我的意見。我又苦口婆心的告訴她如何選擇一間能夠增值的房產，雖然我不是一個很會投資的人，但是書讀多了，總是能講出一些道理讓她信服。我們還提到了讓兒子再過幾年，自己學好手藝可以開家餐館，我就是那個第一個受邀的客人。其實，看著曾經在家裡待過的兩個阿姨，自己的孩子都能有一點進步，心裡還是非常開心的。

記憶中，我跟兩個阿姨的多年相處，一直是快樂大於煩惱的。

也不知是我的八字好，還是別人有什麼苦衷，我一直覺得自己非常幸運。我在教育孩子的過程中，很少對她們的學習成績發過脾氣，也幾乎都不怎麼過問細節。但唯一會讓我生氣的是她們偶爾不留神，就會對著阿姨有些不禮貌的口氣。不是她們要故意刁難，而是跟著大人的方式和口氣，有時拿捏不住就會造成不良後果。這時候我才會真的出手干預，甚至不太高興的處罰她們。

直到前一陣子跟阿姨聊天，她才告訴我這些多年以前發生的事，讓她感覺到我是一個不歧視她，懂得尊重她的人。我可以當著阿姨的面訓斥孩子，而不會幫著孩子指揮阿姨，這些細節讓她每次想起來，心裡都是暖的。也是因為這樣，我的孩子在面對外人的應對進退上，有著比同齡的孩子更加成熟的可能。其實不是她們更成熟，而是我們做大人的，在很多細節上都忽略了這些點點滴滴。說到底，是兩位阿姨讓我平時在家裡就有這個對孩子們機會教育的氛圍。這個機會，我牢牢地抓住了，你呢？用什麼樣的環境和行為去塑造孩子的做人處事？正點滴的影響孩子的未來。

1.留守兒童，指的是由於父母一方或雙方外出打工而被留在家鄉或寄宿在親戚家中，長期與父母過著分開居住、生活的兒童。是中國近年出現的一個嚴重社會現象。由於現代化的發展而導致大批農村剩餘勞動力向城市轉移造成的。

爸媽是最好的教科書

帶著孩子離開教室，以引導與啟發的互動學習，不受傳統體制約束的模式，才能發揮孩子的天賦。

因為小 J 的關係，去年 (2016 年)10 月下旬有機會參與一場探討國際化教育的論壇，講座中沒有任何商業推廣的味道，只有發人深省的教育理念。與會者不僅有教育專家，還有對孩子、對父母具有啟發意義的專業人士。很多講者還是從國外專程飛來上海，帶來許多關於未來教育的發展和趨勢。

和學校一起幫助孩子成長

其中一場由英國聖安德魯斯大學（威廉王子的母校）歷史和哲學雙學位、熱愛東方文化，有著北歐血統的蘇格蘭老師的講座題目就是：「家長是世界上最好的教科書」，這位老師提出的不是補教機構宣傳單常見的：「把孩子交給我們就一切 OK」的說法，而是**鼓勵家長們要投入更多時間、精力與學校通力合作上，幫助孩子進一步提升**。他用了很多方法教導家長如何更用心在孩子身上，聽完這位歷史老師一個小時的講座之處後，我忽然驚覺過去 20 年來，我就是用這樣的方式在和孩子相處，和學校一起幫助我的孩子成長。瞭解我的理念和世界先進的教育理念具有相似後，我就更加放心把孩子交給他們。因為過多的限制孩子，會導致她們喘不過氣來，而太放任孩子的行為舉止，又會加深這一代獨生子女的驕縱，成為名副其實的熊孩子，相信這都不是為人父母的我們樂意見到的結果。聽完這一場講座時，我還突發奇想，既然父母是孩子人生中最好的一本教科書，那是不是應該把這本書編的既精彩又有意義，讓孩子讀來趣味盎然，愛不釋手。

在這個為期兩天的論壇中，最引人矚目的就是請來 2015 年轟動一時，由 BBC 製作拍攝的一部紀錄片《我們的孩子足夠堅強嗎？中國學校》劇裡最出名的數學老師楊軍到場。在這部紀錄片中，包括楊軍老師在內的 5 位中國老師被安排到一所英國中學，用中式教育方法授課 4 週；學校也根據中國學生的作息時間給孩子們安排了課程表。之後發現，中國的老師在最後的結局裡以壓倒式的優勢擊敗了英國籍的老師，班上孩子的成績突飛猛進，以此證明中國式的教學完全傲視國際。但看完這齣劇時，我心裡產生了一些疑問，教育是否真能以孩子一時的考試成績高低來下結論？當初拍這部電視劇時是否已經有預設立場？出發點是什麼？答案似乎讓部分教育界人士為之振奮，但稍有眼界的家長應該還是能看出東西方教育的差異，否則也不會每年有這麼多父母爭相把孩子送出國求學。

教育沒有速成藥、萬靈丹

除了精彩的講座，這兩天的論壇活動主題內容包羅萬象，有如何啟發孩子創意、有東西方教育方式的論證，有如何提高孩子自信、有鼓勵父母提升自我和積極參與學校活動的，大多數都是在探討教育該如何更有效的幫助家長和孩子，都是圍繞著如何讓孩子全面的綻放，找到那把讓孩子健康快樂地迎向未來的關鍵鑰匙。活動的目標對象不只是父母，還有老師和孩子們的專場講座，只見每場講座都有父母積極參與和現場提問，連我這位估計是在場年紀最大的家長都覺得受益匪淺，更何況是處在資訊最發達、心裡卻最焦慮的這群身處上海，面對孩子的教育彷徨又迷茫的家長們。

大家平常絞盡腦汁、想盡辦法，花大錢、找關係，為的就是把孩子送進最好的重點學校、國際學校，甚至到國外讀書。但卻都忘了一點，**再好的學校，再有名的教育機構，都需要家長最大程度的參與，並隨時吸收最先進、最國際化的教育理念！**孩子的教育問題雖然不是最急迫的，但是等你發覺不對勁的時候，通常已經很難處理，即便能夠挽救，卻是要你花盡心思，傷透腦筋還不得其門而入。這一場教育論壇無疑是給了中國一群忙碌又焦慮的家長們一個很好的反思機會，也是一場直擊心靈的震撼課堂。

與大部分以商業目的為出發點的教育講座相比，整個論壇裡面沒有告訴你學校的排名、去哪個國家更好、去哪裡找留學仲介機構之類的資訊，有的只是各種直擊人心的教育理念，和預判未來教育發展的趨勢，讓家長，老師，甚至是孩子們各自帶著關於未來教育趨勢，關於我們的教育目標應該怎麼走的線索，用自己的理解與整理後的思路做出最適合孩子的決定。因為**教育沒有標準答案，沒有萬靈丹，也不應該有速成藥方**，就像我們懷疑及抱怨醫院裡所有讓你的病馬上見效的抗生素、打點滴，都會在你身體裡面產生不知何時會發作的副作用一樣，我們逼自己的孩子吞下的這一連串超強藥方的行為，看似立即有成效的各種方式，卻在可預見的未來將對孩子產生許多不良的後果。

拒絕30年前的教法

當我們知道過去數十年經濟快速發展所導致的種種問題，都是因為各種求急、求快，甚至是不計代價換來的之後，我們還要把這種速成、複製、甚至是「外包式」的做法移植到我們親生的孩子身上嗎？或許我們會說國家大事我管不了，那自己千辛萬苦、拉拔長大的孩子，你應該許他一個什麼樣的未來？ 20 多年來國際資本不斷流入中國，除了資金本身需要找到利益最大化的經濟學原理之外，中國也急需先進的技術與管理經驗，協助自己在二戰過去的 70 年間，缺席了世界經濟與技術快速發展時期的遺憾。

經過改革開放 30 多年努力，**中國大陸的經濟得到快速發展，但是反觀我們的孩子與教育，這一決定了未來數十年，甚至上百年國家社會最重要的命脈，卻越走越艱難**。中國大陸雖然用管制守住了金融大門，用門檻得到了世界前沿的技術，但是我們這一代的父母對孩子的教育方向，選擇了用腳來決定。我們無法哭喊，因為往上看是自己曾經經歷過，但看來短期內改變不了的教育緊箍咒，往下看又是自己最愛的孩子，怎麼辦？不是每天疲於奔命的送孩子到各種補教機構，就是拿自己多年辛苦拚搏賺來的大把銀子，將自己心智發展尚未成熟，羽翼尚未豐滿的孩子送往遙遠的國度，忍受那親情分隔兩地的煎熬。我不知道這是佛家說的因果循環，還是物理學上的能量不滅。

我只能以自己的能力所及的把孩子用自己認識的，符合未來教育趨勢的理念帶著她們走一段最寶貴的人生道路，等待她們思想逐漸成熟，羽翼逐漸豐滿，我們作父母的就在地面仰望天空，看著雛鷹自在地翱翔於天際。是的。**國家和民族的未來在這一代孩子的身上，孩子需要培養的是身心靈的全面發展。**就像一個社會需要各式各樣的人才，如果您的孩子是大海裡的蛟龍，就不要讓他去和獵豹比賽跑，跟猴子比爬樹。**不要讓孩子贏在起跑線，卻輸在終點線。這就考驗著家長有沒有智慧去瞭解孩子現在所受的教育是否能應對未來 30 年整個外在環境的變化。關鍵在於改變我們的心態，調整我們的做法。**

新興觀念引導與互動學習

我也明白許多家長的心裡會說：「沒辦法啊，這是整個教育體制和大環境的問題，我也沒有辦法改變。」但是我們作為一個成年人，經常會看許多勵志的心靈雞湯，也都明白再差的經濟環境，也會有人殺出重圍，成為那個時代的英雄。說明孩子，不需要殺出重圍這麼悲壯，只要把自己在工作職場，在商場征戰的 1/10 智慧用在孩子身上，就可以技巧的引導孩子走出這些教育的怪現象，並健康的成長。**關鍵在於我們把自己的時間和精力用在哪些地方？有沒有建立一個正確的教育觀念？有沒有讓自己與時俱進的去看未來的趨勢？**

現在的家長們普遍迷信名牌，大牌，到處打聽名師，名校，總認為只要把孩子交給名師、名校，孩子就能一帆風順，平步青雲，卻忘了作為家長的我們其實對孩子的影響可能更大更深遠。畢竟老師再厲害，也不可能只針對你唯一的孩子，他的時間精力也有限。**現在的教學形態基本還停留在數十年前的模式，但整個世界的發展已徹底翻天覆地的顛覆了我們當時的理解。**

因緣際會，我有幸陪孩子在北京和上海長大，見證了這兩個中國最大的城市在經濟上的快速發展過程，1997 年我搭計程車經過浦東，那時的金茂凱悅正在施工，整個浦東只有一家八佰伴百貨。大家的荷包也沒有現在這麼豐厚，但是我相信心裡是踏實的，孩子是快樂的。20 年過去了，大家不只荷包豐厚了許多，相信很多人更是資產大戶，但是我們的幸福感是否跟上了資產的腳步？對孩子未來教育的信心是否與日俱增？

受到幾位家長的邀約，我正在用自己微小的力量幫助他們的孩子，雖然力量微薄不足以撼動整個體制，也沒辦法保證孩子一定成功。但是幾位家長們都很享受孩子點滴成長的過程。滴水穿石，積沙成塔，只要我們堅持自己的理念和想法，總是對的起自己的孩子，自己的初心，這種**沒有圍牆的教學方式，不受傳統體制約束的模式，只有引導與啟發的互動學習，可能是未來的一種新興教學方向**。傳統學校的教學模式短期內不會消失，但是**請把下課後的時間交還給孩子，讓他們的天賦得以發揮。帶孩子們離開教室的刻板印象，去尋找能讓他們綻放的課程及老師**。近來我也看到了許多新興的教學模式正在如雨後春筍般地發芽，說明了已經有些家長開始正視傳統教育模式不再合乎時宜的問題。

做了，就會改變

戈壁灘的魅力在於，你的裝備，多了，負擔就重了，少了，風險就高了；不管你的身體素質如何，要完成的距離是一樣的，太長或太短都需要付出代價的。差別在於，你是否準備好了？

從戈壁回來幾年了！但腦海裡總還不時浮現那裡的一景一物。多麼希望我是在 40 歲，甚至 30 歲就經歷過戈壁灘的洗禮。那麼，人生或許有更大的不同，因為在戈壁灘的幾天裡，我體會了太多人生一輩子才能學到的，還有學校裡學不到的：戈壁人生學。對於這次的戈壁之行，我只有 8 個字：「感悟，感動，感激，感觸」。

兩點間最短的距離不是直線

兩點間最短的距離不是一條直線，雖然是老生常談，但到了戈壁，就能親身體會。沒去之前，一直以為戈壁就是「一馬平川」，沒有方向感的荒地而已，直到親自上路，我才開始體認自己的無知。**戈壁不止地貌多變，土質鬆軟，讓人想跑都得多花平時 30% 的力量才能得到反作用力**，更別提我去的第一天，官方公佈瞬間陣風高達九級的沙暴。

這跟我跑過 2 次各 35 公里的模擬訓練狀況有著天壤之別，即使在崇明島特別安排了碎石路讓我們鍛鍊，但實際來到這裡遇上戈

壁灘的「兇狠」，崇明島的碎石路簡直是小巫見大巫；**即使全身都防護的非常嚴密，還是無法防止沙塵的侵襲，我們必須因應地形的變化而不斷的繞路，並用雙手雙腳隨時爬上跳下各式的土堤，還必須像逃難似的穿過鐵絲網。**

這一切都像極了人生旅途中所會遇到的各種困難險阻，必須繞路而行，學會向大自然妥協，向現實低頭，一路上對自己的內心喊話，學會更謙卑更堅韌，才能抵達終點。我終於體會到「只要出發，就能到達」是一句勵志的話，但絕非易事。

即使基本上，我是孤獨一個人半跑半走，完成 28 公里的戈壁灘挑戰，但也不得不承認，如果整個戈壁灘上只有我一個人，那種心裡的恐懼絕對足以把我擊垮、讓我半途而廢。但即使有 1500 人隨行，我仍然堅持走我自己的路。我在不斷超越別人時，一定向他們致意；被別人超越時，也會向他們豎起大拇指。因為走過茫茫戈壁都是姊妹兄弟。一路上你超越的，以及被你超越的，都是戈壁灘上一道道美麗的風景，要學會欣賞，而不是褻瀆。因此我特別欣賞戈壁挑戰賽發起人曲向東說過的的一句話：「發心，並堅守你的心，不要讓別人成為你的標準」，然後**勇敢去做，去堅持。這樣，即使一人獨行，你永遠不會覺得孤獨。**

終點前的支持與鼓勵

因為走的是 C 隊，不能隨行第二天到第四天，就告訴自己必須在終點前為隊友加油打氣。一開始以為看完前幾名選手到達就休息的我，卻被終點前的場景吸引住，幾乎不能自拔的從 9 點多一直在烈陽下看著一幕幕感動的畫面，直到下午四點最後一批隊員返抵終點為止。

這期間我看到有團隊的力量，一個揣著一個，一個推著一個，一個綁著一個回終點的；也有終點線前 100 公尺處集體整隊、舉旗拉旗亮旗、喊口號的；更有一路撿拾著垃圾，為戈壁大自然做出貢獻的；還有院校領導及連續多年參賽的「獨行俠」的堅持。這近 6 個小時的守候，讓我感動到紅著眼眶的次數，超過前面的 50 年。

從對講機裡聽到第三天一度休克的復旦葉健同學距終點前數公里時，我就決定走到距離他最近的賽道旁去迎接他，盡一點校友、戈友的微薄之力；也有另外的同學早已舉著復旦大旗在高坡上守候，誰知這一等就是一個多小時。對於一個只走了一天的我來說，在烈陽下佇立已是煎熬，無法想像他是如何堅持下來的。一直等到對講機傳來他即將到來的資訊，我們幾個站在高坡上的同學都還是忍不住跳起來，高喊：「葉健加油」。等他走近時發現他雖然非常疲憊，走路也需要緩步前進，並時不時的停下來緩口氣，但仍面帶微笑向我們舉起大拇指，表達他的感謝之意。

其實我跟葉健同學並不相識，或許以後也不會再見面，但在那短暫的十分鐘，我們卻像相識多年的朋友互相鼓勵著對方，我也深深被他的意志力感動，這或許就是戈壁的魅力。我尊敬強者，不僅是風光上臺的贏家，更是心靈與意志力的踐行者。

人生不可能永遠是冠軍，何況沒有終點的歡呼群眾，冠軍，只能是孤獨的。

戈壁紀律

奔跑在戈壁灘，你必須遵守嚴格的團隊紀律，否則不僅你自己受害，也會拖累團隊、置團隊於險境。這包括嚴格遵守補充能量的規定。除了安全，還有團隊精神也隨時體現在這 100 多公里的戈壁灘。戈壁挑戰賽的沙克爾頓獎與風範團隊獎鼓勵的正是這樣的團隊精神與嚴格紀律。到了戈壁灘，才真正感受到團隊的力量如此強大，如果不是組委會用心的設置這個獎項，相信第二天數十年不遇的沙塵暴早已「吹」跑了許多隊員。

不只一次聽到、看到微信與戈友的轉述，臺灣大學的團隊精神一直是眾戈友佩服的，一直到玄奘之路官方微信再次公佈台大第五次得到最佳風範團隊獎，才確認了這個消息並非空穴來風，他們也把戰場延伸到另一個層級。第一天體驗日，我看到的是大家的激情澎湃，最後一天我卻真正看到了人性的另一面。

戈壁挑戰賽除了比成績，還比特色與創意，那就是賽前的準備，有人竟然到現場實地跑過四次以上；第二個是後勤支持的比拚，從各校的帳篷、啦啦隊、旗幟的形狀顏色大小，乃至著裝、晚會，都在在體現了各商學院的風格與重視程度，這種類似嘉年華會的氣氛與場內的艱苦競賽形成了強烈的對比。創意，是只有你不去想，沒有你想不到的有趣思維，值得以後的戈友們借鑒。商學院的戰場雖不在戈壁灘，但戈壁灘卻體現了商學院的精神。

人生的戰場也不在戈壁灘，但戈壁灘卻教會了我許多人生的感悟、感動、感激與感觸！記得點將台那晚，有個院校的宣傳片「**去做，讓改變發生**」，著實觸動了我。那幾天一直在琢磨著如何讓讀書一向不勞我操心，但因課業繁重而缺乏運動與鍛鍊的大女兒能開始持續運動。從戈壁回來第二天，改變真的發生了，大女兒居然連袂和愛運動還是橄欖球校隊的妹妹一起去跑步，還相約下個月參加學校 DOE（愛丁堡公爵獎）獎項在浙江的露營健走活動，著實讓我體會到了另一個更高的層次：「**做了，改變就會發生**」。

前面那句宣傳語看似有目的的去做，然後等著改變發生。而我的領悟則在於，有些事先不求其目的性，但只要跨出一步，接下來發生的就會超乎你的想像。我不知道她的這個舉措和我參加戈九有沒有關聯性，但我相信：「做了，改變就會發生」。

戈壁灘更讓我學會應對人生的陰晴不定，沒有第二天出現數十年不遇的沙塵壓頂，就無法體會第三天晴空萬里的美好，人生、事業不都是如此？人生無常就如戈壁灘的天候。明天先到？還是無常先至？在戈壁灘都已不重要了，因為我們都必須學會隨時應對。會不會再踏上戈壁灘，我，沒有答案，但這一次註定讓我永生難忘。有幸參加了戈九，雖然僅是 C 隊隊員，但我盡力了，有機會細細地觀察了最後一天的勇士精神，或許已稍稍彌補了沒能參與全程的遺憾了。

面對真實的自己，才能走得長遠

靠著自己的能力，一步一步紮實的往前走，才能走得更遠，走得更穩。

從小到大接受過無數次爸爸媽媽的諄諄教誨，從隨手關燈、收拾碗盤這類生活瑣事，到學業成績，未來目標等人生大事。當自己成為了父母之後，**這些事情還是我們細細叮嚀孩子的重要事項**，這是否意味著即便物質文明生活經過數十年的快速發展後，已經得到了很大的改善；但是在養兒育女的教育觀念上，並沒有太大的改變。換句話說，改變的程度遠遠比不上我們追求生活品質的腳步。所以父母萬般焦慮，學校無所適從。

尋求歸屬感　異鄉遊子心靈港口

我的孩子因為我遠離他鄉工作的關係，無緣在臺灣接受教育。但我仍讓孩子盡可能的瞭解臺灣的文化、閱讀臺灣出版的書籍、接受國際化教育的洗禮。除了寒暑假幾乎都回到臺灣，大女兒大 J 也參加過 2 次為大陸台商子女舉辦的夏令營，認識臺灣的地理景觀、人文風貌、學習繁體字和接觸臺灣的大學生。之所以這麼安排，是希望孩子不管未來去到哪裡讀書或工作，讓她能夠有一個歸屬感；一個人不管有再大的成就，有多偉大的目標，「歸屬感」能讓她有安心立命的一個避風港。

也因為經常看到臺灣教育改革的報導，很多家長對於這些變化無所適從；我雖不瞭解太多的細節，但整體的印象就是許多專家學者參考歐美先進的教育理念，想要移植這些教育制度到臺灣，改變長期以來一試定終生的做法。這件事本身是一個很好的想法，但隨著臺灣民主化的過程和城鄉的差距，還有家長認知上的分歧，導致很多機制無法落實，陣痛當然在所難免。沒有一個制度能照顧到每個人，教育更是如此。就算是美國擁有世界上最先進的大學，也還是有很多的孩子無法上得起大學，或是讀完大學後要耗盡畢業多年後的積蓄來償還助學貸款。

沒有一個制度是完美的，也沒有任何一個人是完美的，何況是一個孩子。大J在12年級準備申請大學時，做了一個令一般父母都無法理解的舉動，那就是她拒絕申請美國大學。按照常理，以她的成績和過去多年在學校的表現，大部分人都會認為她應該去申請美國名牌大學，甚至是常春藤名校。我一開始也是這麼認為。但她事後的解釋讓做父親的我更佩服她對自我的認知與勇氣，還有那種不媚俗的堅持！她2015年8月在復旦大學管理學院的分享會裡做了以下的解釋：如果申請美國大學，既要考托福，還要考SAT，還得要為了符合美國大學的申請需要，得18般武藝樣樣都精通，為了能保證一定的睡眠、能專心學校的學習、做自己想做的課外活動。所以她在綜合考慮這些因素後，毅然決然的放棄了美國大學。她這種勇於面對現實，不趨炎附勢的勇氣其實才是最難能可貴的。如果當初她想腳踏兩條船，既申請美國，又申請英國大學，可能今天會是另外一個完全截然不同的結果了。她不是一個好高騖遠的人，但絕對是一步一腳印，先給自己訂一個小目標，堅定走自己道路的大孩子。

靠自我能力　走得更遠更穩

舉一個最近的例子，小女兒小 J 在 11 年級開學後，準備開始雅思[1]的考試，我自然而然的想到了剛結束大學申請不久，雅思 8.5 的大 J，就讓她跟當時人還在臺灣過暑假的姊姊聯繫，請教一些問題。當下，我立刻收到了大 J 發來資訊告訴我，**不要讓小 J 有任何問題就馬上去問她，必須讓她自己去嘗試，遇到困難時再去問姊姊。大 J 不止對自己是這樣的看法，連自己的妹妹也是保持一樣的態度。**她當然願意幫助妹妹，但經過國外大學生活洗禮以後的她，更深刻體認到**只有靠著自己的能力，一步一步紮實的往前走，才能走得更遠，走得更穩。一切超乎自己的能力和水準的果實，都將是金玉其表，敗絮其中。**

我也曾經看過一些朋友的孩子，為了申請美國大學，花了大筆金錢和時間去準備大陸所謂的標化考試（托福，SAT 等），再透過找最好的留學仲介機構包裝和培訓，在即將申請大學的前一兩年拚命的做慈善辦活動，為的是增加孩子履歷的豐富性；也在面試前絞盡腦汁的去死背一些考古題，「濃妝豔抹」的上場，為的是迎合面試官的口味。

這個偽裝自己，死記硬背一些公式和過程，不但不能為孩子加分，相反的在這個過程中教壞孩子了。畢竟招生官絕不是省油的燈，給孩子再精細的包裝，也逃不過他們的觀察。Too Good To Be True！（太完美的，通常不真實）孩子畢竟不是演員，社會的歷練也絕對比不上看過上千名申請者的招生官。**把自己包裝的太完美，往往就是最大的破綻**。即使讓你逃過這一關，順利進入了心儀的大學。那接下來的四年大學的學習與生活才是真正折磨的開始。據統計中國大陸申請進美國大學的學生，僅僅 2014 一年就有 8000 名學生被退學。這表明了太多利用不實的成績或手段僥倖進入美國大學的學生，最終仍然必須面對自己真實的學術水準達不到美國大學課程要求的命運。

1.雅思國際英語測驗系統(The International English Language Testing System，英文簡稱IELTS，中文簡稱)，是由劍橋大學英語考試院設計用來評估欲前往英語系國家求學、移民或工作者，在聽、說、讀、寫四項全方位英語的溝通能力。目前全球每年有超過290萬人次在超過140個國家和地區參加雅思考試。雅思已經成為考生人數最多的國際英檢考試，並且是全球英語測評的領導者。

從日劇學到時代變遷觀念

日本人透過戲劇欲喚起年輕人突破傳統、挑戰自我，與年長當權者攜手再造日本，重返榮光。世界變了，我們是否也應隨之改變？

每次當自己認真選擇抽空看一部電視劇或電影時，總會對劇裡的人物、劇情有深刻的感受，也會留下一些評論紀錄。2015 年看了兩部日本電視劇—《天皇的御廚》，和《戰鬥吧！書店女孩》，卻發現了和以前不一樣的觀點。

放下壓抑迎接亮麗人生

日本，和台灣之間的關係用「剪不斷，理還亂」來形容，再恰當不過了。因為甲午戰爭中國戰敗，在 1895 年簽訂馬關條約之後，開始台灣被日本殖民長達 50 年的時期，一直到 1945 二次世界大戰結束；或許因為這段殖民歷史的緣故，台灣人對於日本的了解與認識，比起對其他國家理解多得多，更一直和日本保持著良好的關係，受到的影響也是最大的。日本因為明治維新，走向了富強之路，即便飽受長時間泡沫經濟之苦，還都維持世界第二大經濟體的地位，直到 2010 年被中國超越才拱手讓出老二的地位。而且日本一直是個傳統又保守的國家，比號稱禮儀之邦的中國大陸和台灣，在禮節上的要求與堅持，絕對有過之而無不及。

就我對日本的印象，總感覺日本人甚至整個大和民族都太壓抑，這也是日本社會中年男性自殺率一直高居不下的原因之一。但看了這兩部電影後，忽然有個感想，就是劇中的主角（《天皇的御廚》的主角是男生，《戰鬥吧！書店女孩》則是以雙女主角出現），都以離經叛道，不以傳統的角色性格，傳達出編劇希望新一代日本人突破傳統的想法。《天皇的御廚》男主角，年少時期原是無所事事、凡事搞砸的小混混，不學無術又好吃懶做，但最終憑著他對理想的堅持與不走尋常路的方式當上了日本天皇的御廚，感動了他的父母與一直在默默支持他，患有肺結核病的律師大哥；而《戰鬥吧！書店女孩》一劇，描述一位富三代的陽光女孩在傳統書店逐漸式微的大環境下，如何衝撞既有體制，自信又正面的活出她自己的亮麗人生。

以新思維影響世界

或許是日本電視界也在反思日本自從 1990 年代陷入泡沫困境後，到現在一直走不出去的原因。30 年前世界商業文明混沌未明之際，日本人以專注又細緻的工作態度，成功贏得世界經濟大賽。還記得好多年前曾經看過一部電影，描述豐田汽車剛進入美國時，如何打敗美國人的驕傲與美國人的粗枝大葉，用日本人的細膩工藝與專業化管理成功打入美國汽車市場。而另一部電視劇《不毛之地》則清楚地描繪了日本如何從二戰之後百廢待舉的情況下，透過幾次世界經濟的大潮流而晉升成強國的。

時空轉換到 21 世紀的今天，普遍低落的國際化語言能力和相對保守的文化態度，傳統由上而下，甚至論資排輩的公司體制，久痼沈痾，讓日本不得不從政策上改變，但連續換了幾任首相仍然改變不了向下沈淪的趨勢。再不從基本上改革，過去的輝煌就永不復返。這兩部電視劇或許也在呼籲或喚醒年輕一代的日本人要挑戰自我，突破傳統；也提醒日本老一輩的當權者，要了解更多日本年輕人的想法與觀念，一起為日本的未來共同找出新方向、新思維。台灣呢？比起日本體量更小，技術也無優勢，輝煌的時期更短，對世界的影響力值得深思。

我想，世界正在發生天翻地覆的改變。如何帶領孩子走出他們自己的人生，做父母的的確要花盡心思，但一定要拋棄既有的傳統思維，給予孩子們適當的尊重以及困境的自信，還有教會他們面對危機的處理能力。我們或上一代的成就或輝煌，不代表可以延續到我們的下一代，甚至於有可能成為他們的包袱。當過去所有的成功模式幾乎都不再適用時，孩子們的自我價值判斷與終身學習能力就成了關鍵。

一直以來，我很反對用傳統的定義去看待「成功」二字，賺大錢？做大官？孩子喜歡這樣的人生？未必。一個社會的組成，需要形形色色的人，教會孩子學會判斷，活出自己，尊重別人，才是我們應該給他們的價值觀。行有餘力，就讓他做個有「影響力」的人，就夠了。想想孩子剛出生時，你對著襁褓中的他不是期許著：平安、健康、快樂嗎？怎麼長大後我們對孩子的要求就多了呢？考試要100分，吃飯不可以出聲音，幾乎要求他們成為一個完美的人。其實我們自己都做不到，不是嗎？

世界變了，我們也變了！但孩子還是孩子，只是我們必須跟著時代，跟著孩子成長的大環境一起改變。

百年教育

歷史，要用百年計；教育，又何嘗不是。

百年前，我的祖先李氏一家，我有記憶的第一代，沒有機會接受教育；如今，李家的第四代遠赴海外求學。這一段路程，我們李家花了將近一百年。**正所謂「十年樹木、百年樹人」，歷史，要用百年計；教育，又何嘗不是。**

萬事親情為先

20 年前，大女兒剛出生，我和太太為了更好的生活，離鄉背井到了既陌生又熟悉的北京。當時沒有特別的長遠計劃，也沒有立下多麼遠大的目標，只有一個單純的信念：全家在一起。沒想到一待就是 20 年，當初還在襁褓中的孩子，已經遠渡重洋，奔向她人生的下一個階段了。

還記得剛到北京的時候，冬天和太太煮了火鍋吃，想買瓶牛頭牌沙茶醬。但繞了大半個北京，就是苦尋不著，那種思鄉的難受滋味至今難忘。兩個人為了給孩子一個比較安定的環境，夫妻先到北京熟悉了大半年，才回台灣把大女兒接到北京同住。回想與孩子相隔海峽的那半年間，每次打長途電話回家給女兒，即便孩子只在牙牙學語的階段，老婆總是邊說邊落淚，哽咽到說不出話。第一次在北京休假要回台灣時，中午搭上飛機，足足等了三個小時才起飛；到了香港轉機時，原定班機早已飛走，這一折騰，轉機回到台灣已經半夜。這種經歷對現在的年輕人來說，應該是無法想像。

每年寒暑假，孩子們就像候鳥似的，總會回到台灣感受那濃濃的鄉土味；長輩們每年也總是會找時間來和我們小住一下，親情對我們來說比什麼都重要。當然隨著孩子們漸漸長大，長輩們年紀越來越大，這樣的機會也就越來越少，越來越可貴。

其實，我真的不知道世界的變化會這麼快，尤其是中國大陸。只知道，到北京幾年後依稀看到了正在發生的一些微妙變化，形勢正在逆轉。台灣經歷了 3 次政黨輪替、921 大地震；全球互聯網泡沫化，中國正式加入 WTO；而紐約的 911 事件發生時，我正在北京的宿舍看 CNN，透過電視螢幕親眼目睹第二架飛機直接撞上世貿大樓。2003 年 SARS 爆發，2008 年北京奧運和 2010 年上海世博舉辦時，我們全家已經移居到上海，看到了以華爾街為主導的資本遊戲過度擴張造成了金融危機，更親眼目睹中國正把他落後鄰近國家數十年的差距，以一種迅雷不及掩耳的速度快步趕上。

相信自己拒絕盲目

中國以飛快速度進行改變，除了改革開放的政策，背後也隱含了中國人嚐盡閉關自守、文化大革命、大躍進苦頭之後，急欲求生存謀發展的內心衝動；當你瞭解了這些背景之後，看待許許多多發展過程中的亂象時，自然比較明白現象背後的意涵。這幾年我從不同的角度去看世界與歷史的變遷，更能體會台灣，這個四百年來在不同強權爭奪下，命運一直坎坷的島嶼，在族群認同與身分歸屬

上，看法始終無法達成共識的原因。

記得2003年剛從北京搬到上海時，大陸房地產價格正在隨著經濟發展而飆升，幾個身邊的台灣朋友，都在抱怨許多奇怪與不合理的現象。其實，所有的經濟規律都是不變的，潮流與趨勢也不是你罵兩句就會有改變的。從五百年前的西班牙、英國、荷蘭、德國、俄羅斯、日本……，一直到今天的美國，**大國崛起都有一些規律可循。若非他們的船堅炮利，就是倚靠工業革命改革；否則就是靠著全球貿易，或是技術創新。**

剛在北京召開的「一帶一路高峰論壇」，除了和去年（2016年）美英兩國保守主義相抗衡的意味之外，也是中國再次向全世界宣示這頭巨龍即將再起，當然根據復旦大學葛劍雄教授所言，一部分也是為了解決中國內部產能過剩的問題；而且受限於文化和語言的障礙，中國要走出去，面臨的問題是空前的龐大。更何況依目前政治與經濟情勢看來，中國內部也有很大的隱憂，但現在全球經濟已牢牢的捆綁在一起，就算中國不好，我想其它市場也會同樣受傷，這就是現在的經濟學家與各國領袖越來越難當的原因了。他們在學校所學到的理論與過去賴以預測的法則，越來越複雜，也越難預料。

所以，不要輕易相信專家，也不要盲目的聽信謠言。在心理築起一道知識的防線，根據自己的判斷，相信自己的眼光，才能立於不敗之地。就算沒有成大事，至少不會被淹沒在一堆口水中，成了別人眼中的跟屁蟲。

放手給孩子面對困難的機會

這十多年來，我和太太堅持最大的投資就是孩子們的教育。因為再多的財富也無法抵得過深植在孩子內心的知識內涵與文化基因。而且過去十多年來，我從孩子身上也學到了許多許多。 如今社會的變化已經快的讓我們既焦慮又浮躁，財富與健康也可能瞬間即逝。微小經濟正在打破大型企業或壟斷行業的獨霸地位，看 Uber 如何顛覆傳統計程車行業，Airbnb 正在把零散空房聚在一起，挑戰傳統飯店行業，類似的案例比比皆是。能夠整合趨勢的人正統合微型企業，一步一步進逼傳統思維裡的老大哥。教孩子學會面對未來的不確定，放手讓她們去嘗試、去跌倒，或許是我們這一代父母最重要的功課，而這些恰恰是傳統教育教不來的。

自從大女兒離家赴英留學之後，小女兒在學校一肩挑起由姊姊在多年前創辦的「30M for Youth」慈善跑步募款活動。活動當天上海還飄著毛毛細雨，眼看著下午的活動就要取消了，看得出孩子有點焦慮。我告訴她，不管發生什麼事，都要樂觀去面對它。結果到了下午，老天爺好像看到她的努力，突然就把雲霧撥開，還讓太陽偷偷的露出臉來。最後在 90 多位同學的跑步支持下，圓滿的畫下句點。事後我發了信息告訴她：「妳的努力，老天爺看到了」。常常覺得**「機會教育」是除了基本價值觀的養成之外，對學齡的孩子非常關鍵的一門課。這種關鍵時刻，不論是好事還是困難，父母的態度與作為，常常能在孩子心裡留下最深的印象。**我想，能給孩子的，就剩這最最傳統的鼓勵與信心，還有親情和愛。

在孩子成長的過程中，總是會有許許多多的問題與困難，尤其是在青春期的階段，親子的溝通變的比登天還難。學習西方自由精神的孩子，與還保有傳統觀念父母的溝通更是一再挑戰我們的智慧。這時候只有耐住性子，放下身段，挪出時間與她們一起學習成長，才能讓孩子把我們當朋友。當然我也不完美，也遇到過這樣那樣的親子問題，但只要審時度勢，積極的用心溝通，就能一關一關的渡過。

大學教育是敲門磚

我很清楚，**進入一所國外的大學，並不意味著孩子能夠高人一等，一帆風順，甚至大富大貴。相反的，在這個新時代，她需要更加謙卑，更加努力學習，也要承受比別人更大的挑戰**。只是孩子的氣場符合這個學校的要求，研究學問的方式能被學校接受，她的個性與氣質也很適合在這個鄉下地方安安靜靜的求學。所以當孩子提出了「記得你是誰，做最真實的自己」，作為她在復旦大學管理學院為家長和後輩分享人生成長歷程的主題演講題目時，我清楚地知道，她已經明白了這一點人生的基本道理和自己要面對的未來，不會過多的在乎世俗的眼光。未來，擁有這樣有獨立思考與辯證式思維的人，才能讓自己保持一顆純真的心，不被世俗的雜念與噪音影響自己。

我們很幸運的跟著她的腳步再次到訪有著 800 年悠久歷史的劍橋大學，感受那濃濃的學術氣息。正如這所大學的校訓：「啟蒙之源，智慧之所」，**大學教育只是啟發一個人智慧的敲門磚，而非終點站**。期盼她能站在更高的境界去看這個世界，用最嚴謹的態度做學問，然後思考她人生的下一個階段。作為父母的我也要開始學著放手，畢竟未來的世界是屬於她們的。

依稀記得小時候常常聽出生在清朝，成長在因甲午戰敗而割讓給日本的殖民時代的阿嬤提起我的阿公和兩個伯父在二戰時因轟炸而身亡的故事，她走私菸酒和食鹽這類民生物資但卻專賣又違法的物品，一人擔起全家生計，讓父親讀上縣里最好的高中。她總是告訴我們：不管做什麼事都沒關係，只要認一步真（專注在一件事），不當流氓不學壞。

父親在中學全校第一名畢業後，因為家境與弟妹，放棄上大學的機會進入職場。長兄如父的他為了分攤家中負擔，還必須身兼多職，在外跟朋友合夥開了一家小小的米粉工廠，天未亮就要起床出門到工廠幫忙，然後騎著機車送貨，下了班還要挨家的收錢。也因為如此操勞，病痛纏身，50 歲不到就因病過世。當時高中的我，常常搭著火車到台北的大醫院照顧他。現在回想當時陪著父親搭救護車回老家安息的那段路，還是唏噓不已。

這短短不到 40 年的光景，我們所處的環境，不管是台灣，中國大陸，還是世界，都已經發生了翻天覆地的變化。我們何其有幸都成長在二戰之後，全球百廢待舉急需復甦的機遇，中國尚未崛起，和經濟快速發展的年代。今天有這個機會能送孩子出國求學，雖然不捨，也不容易，但我們絕不放棄。

對照當年不識字的阿嬤和因家境而無法繼續求學的父親，今天我們把孩子送進這所大學，相信在天上的阿嬤和父親也會很高興，並祝福我們全家的。雛鷹已張開翅膀，蓄勢待發，準備離開舒適的窩，為人父母的此刻不擔心是騙人的，但我願給她更多的祝福，祝福她飛得更高，看的更遠，勇敢的去探索屬於她們的未來吧。

離鄉背井之後

從過去遊牧民族的逐草而居，到現在因全球化造成人們頻繁移居，「移動」給了人們社會與生活的劇烈震盪及進步。

重返校園後，在復旦大學管理學院上的第一堂課是世界經濟史，也是讓我終生難忘的一堂課。擔綱授課是位知名教授，讓我認識了以前在課本上所不知道的世界，將我對世界的理解提高了一個層級。教授課程中，還有兩個觀念和教育相關聯的，其一是南美洲和北美洲經過英國和西班牙、葡萄牙數百年統治後所造成的差異；其二是，讓我理解了農耕社會和遊牧民族對後代的影響。

教育為立國根本

17 世紀時，英國人和西班牙人分別經由探險家進入了美洲大陸，前者一登上陸地就同時開始協助興建學校，英國劍橋大學校友約翰 · 哈佛牧師，慷慨捐贈書籍及金錢給成立不久的哈佛大學。眾所周知的事，後來哈佛大學這所知名的學府成為全美第一的高等教育機構，數百年來更造就了無數影響美國歷史的重要人物。

而西班牙人則是在入侵南美洲之後，試圖以宗教力量影響當地土著。**這種以神學為目的的入侵，最終將南美洲變成今天的這副模樣。當然造成今天的現狀不是簡單的二分法可以說明得清楚，但是**

教育的重要性已是不言可喻。

當教授教課說到這一段時，要探討的並非是宗教與教育之間的關聯，透過這段歷史，我認知到教育真的是需要百年大計。如果當初西班牙人把教育而非宗教放在首位，那麼有可能現在大家說的都是西班牙文，西班牙文今天可能成為比英文更為普遍的全球性語言。

由此看來，南美洲和北美洲之間的差異原因之一，似乎與宗教和教育脫不了關係。在我看來，宗教是一種安定人心的力量，而教育則是推動人類前進的一個重要支柱。

500 年前的西班牙無敵艦隊可說是全世界最強大的。中國大陸的中央電視臺在 2006 年耗費鉅資拍攝「大國崛起」，引領觀眾一起瞭解五百年來各個世界霸權興起和衰敗的原因。在這部 12 集電視紀錄片裡，記錄了從葡萄牙、西班牙、荷蘭、英國、法國、德國、俄國、日本、美國九個世界級大國跨洋征戰、相繼崛起的過程，並總結大國崛起的規律，以及剖析其興衰原因。

同時期的中國，明朝的鄭和帶領著 200 多艘海船，2 萬多人下西洋，當時最遠的足跡抵達非洲東岸，比起歐洲國家的航海歷史還要早近一個世紀，但是主要目的只是宣揚皇威，並沒有在當地留下什麼。如果那個年代的皇帝有遠見，能夠把中國的教育和文化遠播，今天的歷史必將改寫。

人是最珍貴的資產

一個好的國家機制、一個好的教育決策，是能夠影響後代百年的歷史與發展。一位好的國家領導者不是看他一時的喜好，而是要觀察他的遠見與智慧，為後代子孫留下些什麼。而我們的孩子遠赴他國求學，也不是只要取得文憑，也要有能力理解當地的文化和歷史，才不枉費走那麼一遭。他們不只是要學習先進的知識與技巧，而是希望能在不同的環境下，被正面及良性觀念刺激，並因此充分的發揮自己的才能。

我想這是過去近百年來美國強大的主要動能，她們吸取全球最寶貴的資產—人。因為任何的技術，任何的創新，都需要人才。

我經常推薦身邊的朋友，去看看過去幾年哈佛大學的畢業典禮演講視頻，從中不難發現能夠被這所世界頂級學府邀請為演講嘉賓的知名人物，不只是各個行業的翹楚，也是善於演說的高手。他們不見得是哈佛大學畢業的校友，但一定在當今美國社會具有一定的高度影響力。他們也可能並沒有大學文憑，但一定擁有位居該行業的專業能力。

我所謂的高手不是他們多會說教，多能煽動民眾，而是他們能讓台下哈佛大學畢業校友們都能夠專心傾聽，讓螢幕前的我們收穫滿滿。

想想這些校友的智慧，就可以想像要站上那個講臺，壓力會有多大？所幸這些演講者都不是省油的燈，他們的演講都會有中心思想、有主題觀念，而且幾乎都能引起台下聽眾的全程關注、毫無冷場。他們多數能引經據典，引導聽眾走入歷史隧道，勾起人們可能已經遺忘、但是佔據大家心中重要記憶的那些點滴，這是我覺得最值得稱讚的。

2016年哈佛大學畢業典禮邀請到美國知名導演史蒂芬史匹柏致詞，他鼓勵畢業生在到處是惡棍的現實生活中做個英雄，用好奇

心取代恐懼，找到自己的使命，並創造出永恆的世界，同樣引起我的關注與省思。

移動養成良好適應力

課堂上我學到的第二個觀念，是我自己根據教授對五百年來西方與東方對世界經濟的影響所做的些許個人分析。他說到五百年前東西方基本的 GDP 是一樣的，但是人類文明走到這個分岔點，卻因為各自文化的差異對後世造成了極大影響。

首先西方的遊牧民族，是逐水草而居的；哪裡有豐沃的水草，他們就去哪裡。或許正因為如此，造成他們對不確定因素養成良好適應能力。遊牧民族必須隨時移動、面對不確定的環境，似乎就注定他們要征服除了歐洲大陸之外的其他世界。

從海路被哥倫布、麥哲倫這些探險家打通之後的數百年來，世界歷史就不斷的被這些強權國家侵略、征服，延伸而來的就是他們帶來的語言和文化。從早期的鴉片戰爭及船堅炮利，到後來的語言及文化，無一不改變整個中國，以及全世界。

而東方文明的特點就是農耕社會的「有土斯有才」，大家嚴守著祖先留下來的那塊土地，數百年來不曾離開、也不願離開的這個傳統觀念把我們緊緊套牢，導致我們的祖先對世界的認知一直停留在方圓數里之內。

就像當初歐洲的教宗和皇室不相信地球是圓的說法，經過了一段很長時期的爭辯和科學論證，才逐漸明朗的道理是一樣的。一直到 20 世紀末的互聯網時代來臨，更把大家的思維開啟，重新認識我們眼中的未知世界。

我在 20 年前因為工作的關係，舉家遷往北京，這一住就是 20 年，北京的五年中搬了 3 次家，後來在上海的 14 年裡也陸續搬了 5 次家。這還不包括我幫就職的公司買辦公室和裝修的多次經驗。之前只覺得蠻累的，直到最近我突然發覺這樣頻繁的移動，可能也是造成孩子們早熟與懂事的原因。她們在這樣的人生過程中，學會了許許多多，也看到了許許多多不在學校也能獲得的知識與道理。

正確觀念弭平孩子不安定感

例如有些房子是租來的，不能隨便破壞，有時還得面對房東的無理要求，這些我們都要學會忍耐。有些配好的傢俱家電不符合我們的需求，也要試著去適應和妥協。有些物品需要維修，我們也可能要靠自己想辦法復原；物品在搬家時也可能要自己打包，甚至丟棄。還有很多無法一一列舉的，都可能是她們人生過程中非常寶貴的經驗。當然這一切也很可能導致她們因為**居無定所造成的不安定感，但只要父母雙方保持一致的步調，觀念正確，這些都可以訓練孩子們未來面對不確定性的健康心態。**

我在今年 (2017 年) 年初跟家裡的阿姨談話時，阿姨告訴我，今年回到老家，她已經無法再和同一個村落的具有高中學歷的老師溝通。安徽老家的人無法理解阿姨在上海擔任日本料理廚師的孩子，在上海親手製作的握壽司味道，也無法體會沒有讀過一天書的阿姨，在我擔任幕後指導顧問之後對她自己孩子產生的變化和影響。因為阿姨深刻理解了只有**透過潛移默化和無為而治的教育方式，留守兒童也能慢慢被教化**。在我的勸告下，她也懂得只有在人前人後都說自己媳婦的好話，才能夠維持一個家庭的和諧。

後來她過年回老家，也常被一幫親戚好奇的圍著問她關於教育的事，我開玩笑的告訴她，妳已經是位老師了。從她的眼神，我能看出她對自己的成長有著莫名的喜悅，因為她告訴我，她雖然看著許多同時期離開家鄉到上海打工的老鄉，經過多年的努力有些人已經賺了一些錢，改善了物質生活；但是因為教育的缺失、文化的落後，孩子們基本上都跟父母非常疏遠，甚至冷眼相待。這個疏遠指的不是距離，而是心靈上的。

這些老鄉與親戚面臨的是一個更加彷徨的未來。因為孩子已經被世界的趨勢和全球化影響，而自己的思維仍然停留在 20 世紀早期吃大鍋飯的年代。這種差距不是過去幾代人都活在同一個大宅院底下所能理解的。我也有和阿姨類似的離鄉背井故事，在在都告訴我自己，**世界的變化必定要伴隨自己對未來教育發展的認知，否則將是一個莫大的災難，不只是家庭的災難，也是國家級的災難。**

將這個傳統社會所不具備的移動性，加上某些看似簡單、但卻鴨子划水的價值觀與觀念，才能逐步把我們老祖宗的束縛拿開。那種束縛有時候綁在我們的身上，數百年未曾被改變，我們自己當然也無從得知，但卻深深的被時刻影響著，這是一個魔咒，情節當然沒有電影裡那麼緊湊，但卻影響著我們好幾代人。

所以復旦大學教授在課堂上給我的啟發，至今依然深深印在我的腦海裡。我有時也想，花了那麼多錢，在人生最精華的四十多歲進入復旦大學讀書，希冀的究竟是什麼？是人脈還是學歷？現在看來都不是。

當初我的目標就是多認識一些同學，瞭解中國大陸在和我們相隔數十年後的想法與觀念。直到我寫這本書的期間，我才慢慢發現我其實在這門世界經濟課已經收穫了大部分的學費了。那是不僅僅對中國大陸的理解，還是對東西方文化差異的理解，更是對經由不斷的移動對教育孩子帶來的影響的理解。

做孩子的超級粉絲

用心不用力，傾聽是最好的教育

作　　者　李育銘
編　　輯　翁瑞祐
美術設計　劉錦堂
校　　對　翁瑞祐、鄭婷尹

發 行 人　程顯灝
總 編 輯　呂增娣
主　　編　翁瑞祐、羅德禎
編　　輯　鄭婷尹、吳嘉芬
美術主編　劉錦堂
美術編輯　曹文甄
行銷總監　呂增慧
資深行銷　謝儀方
行銷企劃　李　昀

發 行 部　侯莉莉
財 務 部　許麗娟、陳美齡
印　　務　許丁財
出 版 者　四塊玉文創有限公司

總 代 理　三友圖書有限公司
地　　址　106 台北市安和路 2 段 213 號 4 樓
電　　話　(02) 2377-4155
傳　　真　(02) 2377-4355
E-mail　service@sanyau.com.tw
郵政劃撥　05844889 三友圖書有限公司

總 經 銷　大和書報圖書股份有限公司
地　　址　新北市新莊區五工五路 2 號
電　　話　(02) 8990-2588
傳　　真　(02) 2299-7900

製　　版　興旺彩色印刷製版有限公司
封面印刷　鴻海科技印刷股份有限公司
內文印刷　靖和彩色印刷有限公司

初　　版　2017 年 6 月
定　　價　新台幣 300 元
ISBN　978-986-94592-9-7（平裝）

國家圖書館出版品預行編目(CIP)資料

當孩子的超級粉絲!用心不用力,傾聽是最好的教育 / 李育銘作. -- 初版. -- 臺北市 : 四塊玉文創, 2017.06
面； 公分
ISBN 978-986-94592-9-7(平裝)

1.親職教育 2.親子關係
528.2　　106008575

廣　告　回　函
台北郵局登記證
台北廣字第2780號

地址：　　　　縣/市　　　　鄉/鎮/市/區　　　　路/街

段　　　巷　　　弄　　　號　　　樓

SANYAU

三友圖書有限公司 收

SANYAU PUBLISHING CO., LTD.

106　台北市安和路2段213號4樓

「填妥本回函，寄回本社」，即可免費獲得好好刊。

粉絲招募歡迎加入
臉書／痞客邦搜尋
「三友圖書-微胖男女編輯社」
加入將優先得到出版社
提供的相關優惠、
新書活動等好康訊息。

【黏貼處】對折後寄回，謝謝。

親愛的讀者：

感謝您購買《做孩子的超級粉絲！用心不用力，傾聽是最好的教育》一書，為感謝您對本書的支持與愛護，只要填妥本回函，並寄回本社，即可成為三友圖書會員，將定期提供新書資訊及各種優惠給您。

姓名＿＿＿＿＿＿＿＿ 出生年月日＿＿＿＿＿＿＿＿

電話＿＿＿＿＿＿＿＿ E-mail＿＿＿＿＿＿＿＿

通訊地址＿＿＿＿＿＿＿＿

臉書帳號＿＿＿＿＿＿＿＿

部落格名稱＿＿＿＿＿＿＿＿

1 年齡
□18歲以下 □19歲～25歲 □26歲～35歲 □36歲～45歲 □46歲～55歲
□56歲～65歲 □66歲～75歲 □76歲～85歲 □86歲以上

2 職業
□軍公教 □工 □商 □自由業 □服務業 □農林漁牧業 □家管 □學生
□其他＿＿＿＿＿＿＿＿

3 您從何處購得本書？
□博客來 □金石堂網書 □讀冊 □誠品網書 □其他＿＿＿＿＿＿＿＿
□實體書店＿＿＿＿＿＿＿＿

4 您從何處得知本書？
□博客來 □金石堂網書 □讀冊 □誠品網書 □其他
□實體書店＿＿＿＿＿＿＿＿ □FB（三友圖書-微胖男女編輯社）＿＿＿＿＿＿＿＿
□三友圖書電子報 □好好刊（雙月刊） □朋友推薦 □廣播媒體

5 您購買本書的因素有哪些？（可複選）
□作者 □內容 □圖片 □版面編排 □其他＿＿＿＿＿＿＿＿

6 您覺得本書的封面設計如何？
□非常滿意 □滿意 □普通 □很差 □其他＿＿＿＿＿＿＿＿

7 非常感謝您購買此書，您還對哪些主題有興趣？（可複選）
□中西食譜 □點心烘焙 □飲品類 □旅遊 □養生保健 □瘦身美妝 □手作 □寵物
□商業理財 □心靈療癒 □小說 □其他＿＿＿＿＿＿＿＿

8 您每個月的購書預算為多少金額？
□1,000元以下 □1,001～2,000元 □2,001～3,000元 □3,001～4,000元
□4,001～5,000元 □5,001元以上

9 若出版的書籍搭配贈品活動，您比較喜歡哪一類型的贈品？（可選2種）
□食品調味類 □鍋具類 □家電用品類 □書籍類 □生活用品類 □DIY手作類
□交通票券類 □展演活動票券類 □其他＿＿＿＿＿＿＿＿

10 您認為本書尚需改進之處？以及對我們的意見？
＿＿＿＿＿＿＿＿

感謝您的填寫，
您寶貴的建議是我們進步的動力！

【黏貼處】對折後寄回，謝謝。